Samskrita Bodhinii
A Study Guide for
Spoken Sanskrit Language

International Edition

Sanjeev Majalikar

Books from the same author:
Available on Amazon.com and Pothi.com

For beginners after the introductory course:

Panchatantram-The Handbook of Five Strategies: The Complete Book In Simple Sanskrit & English
This book is written for students who complete the introductory Level-1 course in spoken Sanskrit. All the 77 stories of Panchatantram – the famous collection of stories have been presented in very simple Sanskrit without losing any detail. For ease of understanding the English translation of each story is also given. Readers can practice reading what they have learnt while enjoying the stories.

Shiksha Bodha–A Guide to Sanskrit Pronunciation (Medium: English)
Being a pure phonetic language, correct pronunciation of letters and words is very important in Sanskrit. Shiksha is the science of pronunciation. It is one of the important branches of Sanskrit language studies. This book covers the phonetics, positions of letters, their various classifications, supplemental letters and common mistakes in pronunciation.

For advanced readers:

Sarasa Katha Kaumudi - Fifteen short stories (Medium: Sanskrit with English translation)
Bhagavata Laghu Katha Sangraha – Ten short stories from Bhagavata (Medium: Sanskrit only)

Blog Site: bhashabodha.blogspot.com
YouTube Channel: tinyurl.com/bhashabodha

संस्कृतबोधिनी

प्रथमसोपानम्

संजीवः मजलीकरः

भाषासु मुख्या मधुरा गीर्वाणभारती

प्रस्तावना

श्रवणं भाषणं पठनं लेखनं चेति भाषायाः साधनाङ्गानि विद्यन्ते । नूतनभाषायाः प्रवेशाय श्रवणं भाषणं च सोपानद्वयं प्रामुख्यं भजते । नूतनछात्रः संभाषणमाध्यमेन भाषां सहजतया अवगम्य अग्रे सरति । पुस्तकमिदं संस्कृतभाषायाः नूतनपठनार्थीनां सौकर्यार्थं ग्रथितमस्ति । अस्य रचनाकार्ये स्फूर्तिः छात्रगणाः शिक्षकवृन्दानि एव । तेभ्यः भूरिशः धन्यवादानर्पये । पुस्तकेस्मिन् भाषायाः सामान्यज्ञानार्थम् अपेक्षिताः विषयाः क्रमबद्धाः । अभ्यासार्थम् अनुपाठं प्रश्नाः दत्ताः । प्रयोगदर्शनार्थं संभाषणगुच्छाः कथाश्च यथावकाशं कल्पिताः । शुद्धाशुद्धप्रयोगाः यथायोग्यं प्रदर्शिताः । पुस्तकमिदं प्रयोजनाय भवेदिति आशासे ।

संजीवः मजलीकरः   श्रावणकृष्णाष्टमी विक्रमसंवत् २०७७

Preface

Listening, speaking, reading and writing are the four important aspects for a language learner. For a person new to a language, listening and speaking form the first stepping stones. This book is designed as a study guide for students wanting to start learning Sanskrit as a spoken language. I heartily thank the student and teacher groups for the inspiration in creating this book. Topics useful for common usage are presented with exercises after each lesson along with stories and correct usages as needed. Hope this book will be helpful.

Sanjeev Majalikar   **11-August-2020**

विषयसूची Table of Contents

Chart of Letters - वर्णमाला varNamAlA

In Devanagari Script

Thirteen (13) vowels. - स्वराः svarAH

अ	आ	इ	ई	उ	ऊ	ऋ	ॠ	ऌ	ए	ऐ	ओ	औ
a	A	i	I	u	U	R^I	R^I	L^i	e	ai	o	au

Two additional sounds that could follow only a vowel.

अनुस्वारः anusvAraH	विसर्गः visargaH
ं M	: H

Thirty three (33) consonants - व्यञ्जनानि vya~njanAni

क ka	ख kha	ग ga	घ gha	ङ ~N
च cha	छ Cha	ज ja	झ Jha	ञ ~n
ट T	ठ Tha	ड Da	ढ Dha	ण Na
त ta	थ tha	द da	ध dha	न na
प pa	फ pha	ब ba	भ bha	म ma

य ya	र ra	ल la	व va	श sha	ष Sha	स sa	ह ha

The chart above shows consonants written in devanAgari with sound “अ a” added to them. A pure consonant is written with a slant line at the bottom. For example: क् k

1. परिचयः Introduction

parichayaH

मम नाम रमेशः
mama nAma rameshaH
My name is ramesha.

मम नाम
mama nAma
My name

मम नाम रमा
mama nAma ramA
My name is ramA.

मम नाम सुरेशः
mama nAma sureshaH
My name is suresha.

भवतः नाम किम्?
bhavataH nAma kim?
What is your name?

मम नाम अशोकः
mama nAma ashokaH
My name is ashoka.

मम नाम सुमा
mama nAma sumA
My name is sumA.

भवत्याः नाम किम्?
bhavatyAH nAma kim?
What is your name?

मम नाम मालती
mama nAma mAlatI
My name is mAlatI.

भवतः/भवत्याः नाम किम्? bhavataH/bhavatyAH nAma kiM?

मम नाम mama nAma _____

भवान् कः? bhavAn kaH? _____

भवती का? bhavatI kA? _____

एतस्य नाम रमेशः
etasya nAma rameshaH
His name is ramesha.

तस्य नाम अशोकः
tasya nAma ashokaH
His name is ashoka.

एतस्य नाम सुरेशः
etasya nAma sureshaH

तस्य नाम समीरः
tasya nAma samIraH

एतस्य नाम महेशः
etasya nAma maheshaH

तस्य नाम गणेशः
tasya nAma ganeshaH

एतस्याः नाम सुमा
etasyAH nAma sumaA
Her name is sumA.

तस्याः नाम रमा
tasyAH nAma ramA
Her name is ramA.

एतस्याः नाम गिरिजा
etasyAH nAma girijA

तस्याः नाम लता
tasyAH nAma latA

एतस्याः नाम मालती
etasyAH nAma mAlatI

तस्याः नाम नलिनी
tasyAH nAma nalinI

2. पदपरिचयः Introduction to Words

दीपः dIpaH	चषकः chaShakaH	स्यूतः syUtaH	द्विचक्रिका dvichakrikA
आसन्दः AsandaH	चमसः chamasaH	स्थालिका sthAlikA	दर्पणः darpaNaH
पादत्राणम् pAdatrANam	कुञ्चिका ku~nchikA	सङ्गणकम् sa~NgaNakam	कङ्कतम् ka~Nkatam
घटी ghaTI	संमार्जनी saMmArjanI	मिश्रकम् mishrakam	शय्या shayyA
शीतकम् shItakam	दूरदर्शनम् dUradarshanam	बाष्पस्थाली bAShpasthAlI	मुद्रणयन्त्रम् mudraNayantram

3. समीपम्/दूरम् Near/Far

एषः/एषा/एतत् (this) for near. सः/सा/तत् (he/she/it) for far.

एषः बालकः
eShaH bAlakaH
This is boy.

सः शिक्षकः
saH shikShakaH
That is teacher.

एषः वैद्यः
eShaH vaidyaH

सः छात्रः
saH ChAtraH

एषः गायकः
eShaH gAyakaH

सः आरक्षकः
saH ArakShakaH

एषः पाचकः
eShaH pAchakaH

सः कृषिकः
saH kR^iShikaH

एषः वृद्धः
eShaH vR^iddhaH

सः धावकः
saH dhAvakaH

एषा बालिका
eShA bAlikA
This is girl.

सा शिक्षिका
sA shikShikA
That is teacher.

एषा वैद्या
eShA vaidyA

सा छात्रा
sA ChAtrA

एषा गायिका
eShA gAyikA

सा नर्तकी
sA nartakI

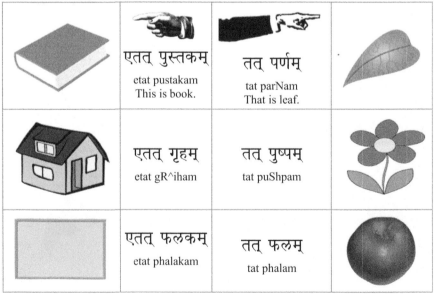

एतत् पुस्तकम्
etat pustakam
This is book.

तत् पर्णम्
tat parNam
That is leaf.

एतत् गृहम्
etat gR^iham

तत् पुष्पम्
tat puShpam

एतत् फलकम्
etat phalakam

तत् फलम्
tat phalam

4. लिङ्गविचारः About Genders

पुंलिङ्गपदानि - एषः, सः Words in masculine gender

	एषः पर्वतः This (is) mountain.	सः कन्दुकः That (is) ball.	
	एषः सूर्यः	सः वृक्षः	
	एषः मूषकः	सः सिंहः	
	एषः घटः	सः आसन्दः	
	एषः स्यूतः	सः चषकः	
	एषः चन्द्रः	सः दर्पणः	
	एषः शृगालः	सः हरिणः	
	एषः गजः	सः वानरः	

स्त्रीलिङ्गपदानि - एषा, सा Words in feminine gender

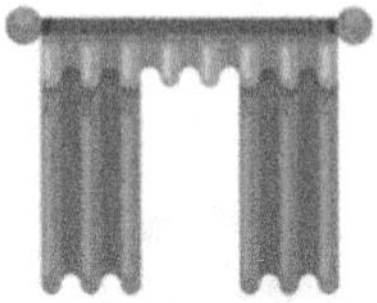	एषा जवनिका This (is) curtain.	सा पेटिका That (is) box.	
	एषा उत्पीठिका	सा कर्तरी	
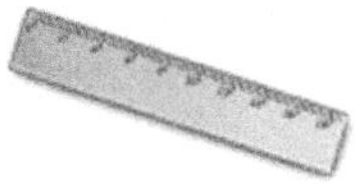	एषा मापिका	सा दूरवाणी	

नपुंसकलिङ्गपदानि - तत्, एतत् Words in Neuter Gender

	एतत् विमानम् This (is) plane.	तत् छत्रम् That (is) umbrella.	
	एतत् उपनेत्रम्	तत् व्यजनम्	
	एतत् द्वारम्	तत् वातायनम्	

5.   कः, का, किम् Who

kaH, kA, kim

	एषः कः? Who is this? एषः बालकः This is boy.	सः कः? Who is that? सः शिक्षकः That is teacher.	
	एषः कः? एषः वैद्यः	सः कः? सः छात्रः	
	एषः कः? एषः गायकः	सः कः? सः आरक्षकः	
	एषः कः? एषः पाचकः	सः कः? सः कृषिकः	
	एषः कः? एषः वृद्धः	सः कः? सः धावकः	

	**एषा का?** Who is this? एषा बालिका This is girl.	**सा का?** Who is that? सा शिक्षिका That is teacher.	
	**एषा का?** एषा वैद्या	**सा का?** सा छात्रा	
	**एषा का?** एषा गायिका	**सा का?** सा नर्तकी	

	**एतत् किम्?** What is this? एतत् विमानम् This is plane.	**तत् किम्?** What is that? तत् छत्रम् That is umbrella.	
	**एतत् किम्?** एतत् उपनेत्रम्	**तत् किम्?** तत् व्यजनम्	
	**एतत् किम्?** एतत् युतकम्	**तत् किम्?** तत् ऊरुकम्	

अभ्यासः

	एषः कः? एषः _____	सः कः? सः _____	
	एषः कः? एषः _____	सः कः? सः _____	
	एषः कः? एषः _____	सः कः? सः _____	
	एषः कः? एषः _____	सः कः? सः _____	
	एषः कः? एषः _____	सः कः? सः _____	
	एषः कः? एषः _____	सः कः? सः _____	

	एषा का? एषा _____	सा का? सा _____	
	एषा का? एषा _____	सा का? सा _____	
	एषा का? एषा _____	सा का? सा _____	

	एतत् किम्? एतत् _____	तत् किम्? तत् _____	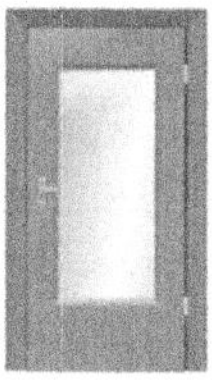
	एतत् किम्? एतत् _____	तत् किम्? तत् _____	
	एतत् किम्? एतत् _____	तत् किम्? तत् _____	

6. शुभाशयाः Greetings

सुप्रभातम् Good morning	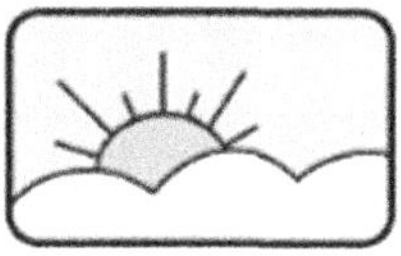
शुभरात्रिः Good night	
शुभदिनम् Good day	
स्वागतम् Welcome	
धन्यवादः Thank you	
नमस्कारः Salute (hello/regards)	
प्रणामः Salute (regards)	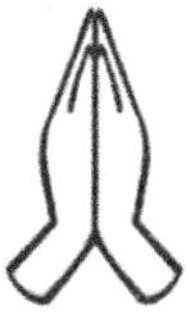
अभिनन्दनम् Congratulations	

7. शरीरम् Body

(तत्) जत्रु
स्कन्धः
(तत्) उरः
उदरम्
नाभिः
कटिः
(तत्) सक्थि
ऊरुः
(तत्) जानु
जङ्घा
पादः
कक्षः
प्रगण्डः
कूर्परः
पार्श्वः
प्रकोष्ठः
पाणिः/करः
बाहुः
कृकाटिका
पृष्ठम्
शरीरम्
जङ्घा
प्रपदम्
पादः
घुटिका
पार्ष्णिः

मस्तकम्
केशः
ललाटम्
कूर्चम्
(सा) भ्रूः
कनीनिका
नेत्रम्
मुखम्
कर्णः
नासिका
कपोलः
(तत) श्मश्रु
ग्रीवा
(सा) हनुः
ओष्ठः
कण्ठः
चिबुकः

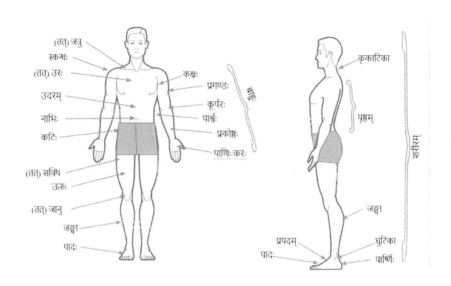

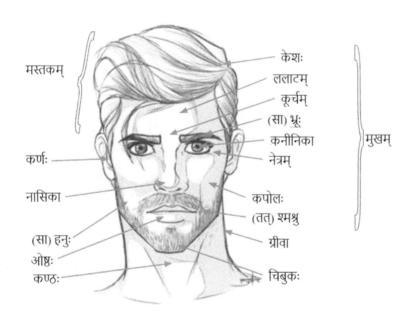

8. अस्ति, नास्ति, किम्, आम्, न

Words for Starter Sentences

	एषः पर्वतः अस्ति किम्? Is this a moutain?	आम्, एषः पर्वतः अस्ति । Yes, this is a mountain.
	एषः सूर्यः अस्ति किम्?	आम्, एषः सूर्यः अस्ति ।
	सः मूषकः अस्ति किम्?	आम्, सः मूषकः अस्ति ।
	सः कन्दुकः अस्ति किम्?	आम्, सः कन्दुकः अस्ति ।
	सः मार्जारः अस्ति किम्?	आम्, सः मार्जारः अस्ति ।
	एषः वृक्षः अस्ति किम्? Is this a tree?	न, एषः वृक्षः नास्ति । No, this is not a tree. एषः सिंहः अस्ति । This is a lion.
	सः बालकः अस्ति किम्?	न, सः बालकः नास्ति । सः घटः अस्ति ।
	सः दीपः अस्ति किम्?	न, सः दीपः नास्ति । सः गजः अस्ति ।
	सः चन्द्रः अस्ति किम्?	न, सः चन्द्रः नास्ति । सः वृक्षः अस्ति ।

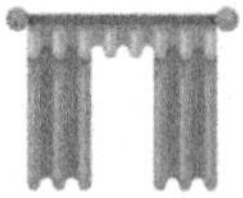

	एषा जवनिका अस्ति किम्? Is this a curtain?	आम्, एषा जवनिका अस्ति । Yes, this is a curtain.
	एषा उत्पीठिका अस्ति किम्?	आम्,एषा उत्पीठिका अस्ति ।
	सा मापिका अस्ति किम्?	आम्, सा मापिका अस्ति ।
	सा कर्तरी अस्ति किम्?	आम्, सा कर्तरी अस्ति ।
	सा पुष्पाधानी अस्ति किम्?	आम, सा पुष्पाधानी अस्ति ।
	एषा वैद्या अस्ति किम्? Is this a doctor?	न, एषा वैद्या नास्ति । No, this is not a doctor. एषा पेटिका अस्ति । This is a box.
	सा बालिका अस्ति किम्?	न, सा बालिका नास्ति । सा दूरवाणी अस्ति ।
	एषा मापिका अस्ति किम्?	न, एषा मापिका नास्ति । एषा नौका अस्ति ।
	सा कूपी अस्ति किम्?	न, सा कूपी नास्ति । सा घटी अस्ति ।

	एतत् पुस्तकम् अस्ति किम्? Is this a book?	आम्, एतत् पुस्तकम् अस्ति। Yes, this is a book.
	एतत् गृहम् अस्ति किम्?	आम्, एतत् गृहम् अस्ति।
	तत् उपनेत्रम् अस्ति किम्?	आम्, तत् उपनेत्रम् अस्ति।
	तत् वातायनम् अस्ति किम्?	आम्, तत् वातायनम् अस्ति।
	तत् पर्णम् अस्ति किम्?	आम्, तत् पर्णम् अस्ति।
	एतत् फलम् अस्ति किम्? Is this a fruit?	न, एतत् फलम् नास्ति। No, this is not a fruit. एतत् पुष्पम् अस्ति। This is a flower.
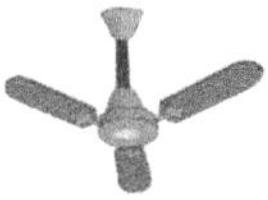	तत् द्वारम् अस्ति किम्?	न, तत् द्वारं नास्ति। तत् व्यजनम् अस्ति।
	एतत् फलकम् अस्ति किम्?	न, एतत् फलकम् नास्ति। एतत् विमानम् अस्ति।
	तत् जलम् अस्ति किम्?	न, तत् जलं नास्ति। तत् छत्रम् अस्ति।
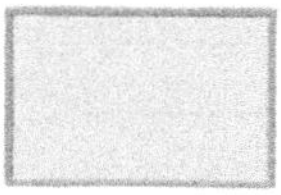	एतत् पर्णम् अस्ति किम्?	न, एतत् पर्णं नास्ति। एतत् फलकम् अस्ति।

अभ्यासः

	एषः वृक्षः अस्ति किम्?	_____
	सः कन्दुकः अस्ति किम्?	_____
	एषः गजः अस्ति किम्?	_____
	सः मार्जारः अस्ति किम्?	_____
	सः मूषकः अस्ति किम्?	_____
	एषः सूर्यः अस्ति किम्?	_____
	सः बालकः अस्ति किम्?	_____
	एषः सिंहः अस्ति किम्?	_____
	सः आसन्दः अस्ति किम्?	_____

	सा पुष्पाधानी अस्ति किम्?	_____
	सा नौका अस्ति किम्?	_____
	एषा माला अस्ति किम्?	_____
	एषा मापिका अस्ति किम्?	_____
	एषा उत्पीठिका अस्ति किम्?	_____
	सा मापिका अस्ति किम्?	_____
	सा वैद्या अस्ति किम्?	_____
	एषा पेटिका अस्ति किम्?	_____
	एषा घटी अस्ति किम्?	_____

	एतत् फलम् अस्ति किम्?	_____
	एतत् पुस्तकम् अस्ति किम्?	_____
	तत् वातायनम् अस्ति किम्?	_____
	एतत् विमानम् अस्ति किम्?	_____
	एतत् गृहम् अस्ति किम्?	_____
	सा फलकम् अस्ति किम्?	_____
	तत् व्यजनम् अस्ति किम्?	_____
	तत् उपनेत्रम् अस्ति किम्?	_____

9. वाहनानि Vehicles

	चक्रयानम् Car		लोकयानम् Bus
	लोहपथी Train		विमानम् Airplane
	नौका Ship/Boat		उदग्रयानम् Helicopter
	भाटकयानम् Taxi/Cab	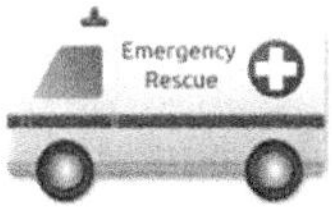	रुग्णवाहिका Ambulance
	भारवाहकम् Truck		अग्निशामकवाहनम् Firetruck
	त्रिचक्रिका Three-wheeler		द्विचक्रिका Bicycle

अभ्यासः

यथोदाहरणं रिक्तस्थानानि पूरयतु । Fill in the blanks per the example.

१.	एतत् चक्रयानम् ।	२. _____	लोकयानम्
३. _____	द्विचक्रिका	४. _____	भारवाहकम्
५. _____	रुग्णवाहिका	६. _____	उदग्रयानम्
७. _____	त्रिचक्रिका	८. _____	विमानम्
९. _____	नौका	१०. _____	भाटकयानम्
११. _____	लोहपथी	१२. ____	अग्निशामकवाहनम्

10. अत्र, तत्र, अन्यत्र, सर्वत्र, कुत्र

Here, There, Elsewhere, Everywhere, Where

	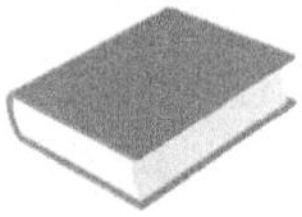	पुस्तकम् अत्र अस्ति । Book is here.
		गृहं तत्र अस्ति । Home is there.
		वृक्षः अत्र अस्ति । Tree is here.
		पर्वतः तत्र अस्ति । Mountain is there.
		द्विचक्रिका अत्र अस्ति । Bicycle is here.
		चक्रयानं तत्र अस्ति । Car is there.

	पर्णम् अत्र अस्ति । Here is the leaf.	फलं कुत्र अस्ति? Where is the fruit? फलम् अन्यत्र अस्ति । Fruit is elsewhere.
	चन्द्रः अत्र अस्ति ।	सूर्यः कुत्र अस्ति? सूर्यः अन्यत्र अस्ति ।
	व्यजनम् अत्र अस्ति ।	उत्पीठिका कुत्र अस्ति? उत्पीठिका अन्यत्र अस्ति ।
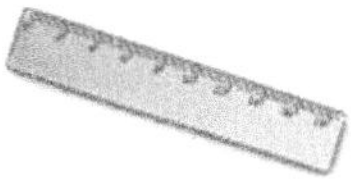	मापिका अत्र अस्ति ।	पेटिका कुत्र अस्ति? पेटिका अन्यत्र अस्ति ।
	मार्जारः अत्र अस्ति ।	गजः कुत्र अस्ति? गजः अन्यत्र अस्ति ।
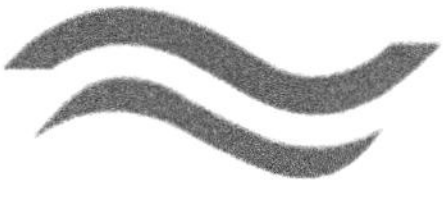	वायुः कुत्र अस्ति? Where is air?	वायुः सर्वत्र अस्ति । Air is everywhere.
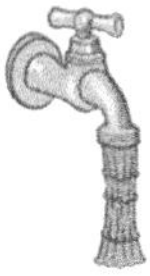	जलं कुत्र अस्ति? Where is water?	जलं सर्वत्र नास्ति । Water is not everywhere.

सुभाषितम्

नास्ति विद्यासमं चक्षुः नास्ति सत्यसमं तपः ।

नास्ति रागसमं दुःखं नास्ति त्यागसमं सुखम् ॥

अभ्यासः

अस्ति,नास्ति,अत्र,अन्यत्र उपयुज्य रिक्तस्थानानि पूरयतु ।

Fill in the blanks with अस्ति,नास्ति,अत्र,अन्यत्र

१. शिक्षकः अत्र _____ ।

२. लेखनी अत्र _____ ।

३. वृक्षः अत्र _____ ।

४. पर्वतः अन्यत्र _____ ।

५. फलकम् अत्र _____ ।

६. पादत्राणम् अत्र _____ ।

७. आसन्दः _____ अस्ति ।

८. पुस्तकम् _____ अस्ति ।

९. कन्दुकः अत्र _____ ।

१०. उत्पीठिका अत्र _____ ।

११. दीपः _____ अस्ति ।

१२. उपनेत्रम् _____ अस्ति ।

१३. बालकः _____ अस्ति ।

11. बहुवचनम् – पुंलिङ्गम् – नामपदानि

Plural Number - Nouns in Masculine Gender

 एषः कः?	 एते के?
Who is this?	Who are these?
एषः बालकः ।	एते बालकाः ।
This is a boy.	These are boys.

 सः कः?	 ते के?
Who is that?	Who are they?
सः अश्वः ।	ते अश्वाः ।
That is a horse.	They are horses.

|  एषः कः? |  एते के? |
| एषः गजः । | एते गजाः । |

| सः कः? | ते के? |
| सः मार्जारः । | ते मार्जाराः । |

अभ्यासः

यथोदाहरणं रिक्तस्थानानि पूरयतु । Fill in the blanks per the example.

१. एषः सिंहः ।	एते सिंहाः ।
२. एषः पुरुषः ।	_____
३. एषः व्याघ्रः ।	_____
४. एषः पर्वतः ।	_____
५. एषः वृक्षः ।	_____
६. एषः दीपः ।	_____
७. एषः गायकः ।	_____
८. एषः सर्पः ।	_____
९. एषः दर्पणः ।	_____
१०. एषः अजः ।	_____
११. सः ग्रहः ।	_____
१२. सः शूरः ।	_____
१३. सः आसन्दः ।	_____
१४. सः शिक्षकः ।	_____
१५. सः छात्रः ।	_____
१६. सः मृगः ।	_____
१७. सः वानरः ।	_____
१८. सः वैद्यः ।	_____
१९. सः घटः ।	_____

बहुवचनम् – पुंलिङ्गम् – अन्यपदानि
Plural Number – Other Nouns in Masculine Gender

एषः कविः	एते कवयः	सः गुरुः	ते गुरवः
एषः पिता	ते पितरः	भवान् छात्रः	भवन्तः छात्राः

अभ्यासः

यथोदाहरणं रिक्तस्थानानि पूरयतु । Fill in the blanks per the example.

१. एषः मुनिः ।	एते मुनयः ।
२. एषः अग्निः ।	_____
३. एषः वह्निः ।	_____
४. एषः सारथिः ।	_____
५. एषः अतिथिः ।	_____
६. एषः जलधिः ।	_____
७. एषः साधुः ।	_____
८. एषः वेणुः ।	_____
९. सः बन्धुः ।	_____
१०. सः जन्तुः ।	_____
११. सः पशुः ।	_____
१२. सः परशुः ।	_____
१३. सः दाता ।	_____
१४. सः नेता ।	_____
१५. सः कर्ता ।	_____

12. बहुवचनम् – स्त्रीलिङ्गम् – नामपदानि

Plural Number – Nouns in Feminine Gender

 एषा का?	 एताः काः?
Who is this?	Who are these?
एषा बालिका ।	एताः बालिकाः ।
This is a girl.	These are girls.
 सा का?	 ताः काः?
Who is that?	Who are they?
सा पिपीलिका ।	ताः पिपीलिकाः ।
That is an ant.	They are ants.
 एषा का?	 एताः काः?
एषा कुञ्चिका ।	एताः कुञ्चिकाः ।
 सा का?	 ताः काः?
सा लेखनी ।	ताः लेखन्यः ।

अभ्यासः

यथोदाहरणं रिक्तस्थानानि पूरयतु । Fill in the blanks per the example.

१. एषा पेटिका ।	एताः पेटिकाः ।
२. एषा महिला ।	________
३. एषा माला ।	________
४. एषा पाठशाला ।	________
५. एषा कन्या ।	________
६. एषा लता ।	________
७. एषा वीणा ।	________
८. एषा मापिका ।	________
९. एषा संख्या ।	________
१०. एषा नौका ।	________
११. सा देवी ।	________
१२. सा भगिनी ।	________
१३. सा अङ्कनी ।	________
१४. सा सुन्दरी ।	________
१५. सा पुत्री ।	________
१६. सा मार्जारी ।	________
१७. सा तरुणी ।	________
१८. सा महिषी ।	________
१९. सा सखी ।	________

बहुवचनम् - स्त्रीलिङ्गम् - अन्यपदानि

Plural Number - Other Nouns in Feminie Gender

एषा युवतिः	एताः युवतयः
सा धेनुः	ताः धेनवः
एषा माता	एताः मातरः

अभ्यासः

यथोदाहरणं रिक्तस्थानानि पूरयतु । Fill in the blanks per the example.

१. एषा श्रुतिः ।	एताः श्रुतयः ।
२. एषा स्मृतिः ।	__________
३. एषा भूतिः ।	__________
४. एषा स्तुतिः ।	__________
५. एषा कृतिः ।	__________
६. एषा कान्तिः ।	__________
७. एषा सिद्धिः ।	__________
८. सा मतिः ।	__________
९. सा चञ्चुः ।	__________
१०. सा तनुः ।	__________
११. सा रेणुः ।	__________
१२. सा रज्जुः ।	__________
१३. सा हनुः ।	__________
१४. सा स्वसा ।	__________

13. बहुवचनम् - नपुंसकलिङ्गम् - नामपदानि

Plural Number - Nouns in Neuter Gender

एतत् किम्? एतत् गृहम् ।	एतानि कानि? एतानि गृहाणि ।
तत् किम्? तत् फलम् ।	तानि कानि? तानि फलानि ।

अभ्यासः

यथोदाहरणं रिक्तस्थानानि पूरयतु । Fill in the blanks per the example.

१. एतत् कमलम् ।	एतानि कमलानि ।
२. एतत् पुष्पम् ।	__________
३. एतत् चित्रम् ।	__________
४. एतत् वनम् ।	__________
५. तत् पत्रम् ।	__________
६. तत् पात्रम् ।	__________
७. तत् मुखम् ।	__________
८. तत् मित्रम् ।	__________
९. तत् वस्त्रम् ।	__________

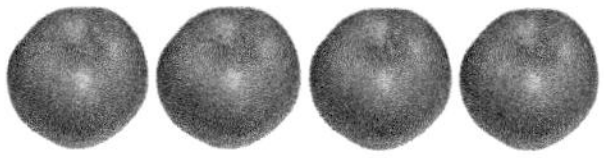

14. षष्ठी विभक्तिः Sixth Case Ending

	सः बालकः । He is a boy. तत् पुस्तकम् । That is a book.	बालकस्य पुस्तकम् । Boy's book.
	सः अशोकः । He is ashoka. सा नौका । That is boat.	अशोकस्य नौका । ashoka's boat.
	सः वृक्षः । That is tree. तत् फलम् । That is fruit.	वृक्षस्य फलम् । Tree's fruit.
	सः गजः । That is elephant. सः दन्तः । That is tooth.	गजस्य दन्तः । Elephant's tooth.
	सः पुरुषः । That is man. तत् उपनेत्रम् । That is eyeglass.	पुरुषस्य उपनेत्रम् । Man's eyeglass.
	सः महेशः । He is mahesha. तत् शिरस्त्रम् । That is hat.	महेशस्य शिरस्त्रम् । mahesha's hat.

	सा बालिका । She is a girl. तत् पुस्तकम् । That is a book.	बालिकायाः पुस्तकम् । Girl's book.
	सा महिला । She is lady. तत् उपनेत्रम् । That is eyeglass.	महिलायाः उपनेत्रम् । Lady's eyeglass.
	सा लता । She is latA. तत् शिरस्त्रम् । That is hat.	लतायाः शिरस्त्रम् । latA's hat.
	सा मालती । She is mAlatI. तत् छत्रम् । That is umbrella.	मालत्याः छत्रम् । mAlati's umbrella.
	सा नलिनी । She is nalinI. सा द्विचक्रिका । That is bicycle.	नलिन्याः द्विचक्रिका । nalinI's bicycle.
	सा विशालाक्षी । She is vishAlAkshI. तत् मुखम् । That is face.	विशालाक्ष्याः मुखम् । vishAlAkshI's face.

	तत् गृहम् । That is a house तत् वातायनम् । That is a window.	**गृहस्य** वातायनम् । Window of the house.
	तत् वाहनम् । That is a vehicle. तत् चक्रम् । That is wheel.	**वाहनस्य** चक्रम् । Wheel of the vehicle.
	तत् सस्यम् । That is a plant. तत् फलम् । That is a fruit.	**सस्यस्य** फलम् । Fruit of the plant.
	तत् मित्रम् । That is friend. सः कन्दुकः । That is a ball.	**मित्रस्य** कन्दुकः । Friend's ball.
	तत् पुष्पम् । That is flower. सः वर्णः । That is color.	**पुष्पस्य** वर्णः । Flower's color.

षष्ठी विभक्तिः – अन्यपदानि

Sixth Case Ending - Other Words

कविः	कवेः अङ्कनी	युवतिः	युवतेः स्यूतः
गुरुः	गुरोः पुस्तकम्	धेनुः	धेनोः/धेन्वाः पादः
पिता	पितुः कार्यालयः	माता	मातुः पाकशाला
अहम्	मम गृहम्	भवान्	भवतः वाहनम्

15. तस्य, एतस्य, तस्याः, एतस्याः His, Her

	**एषः बालकः ।** This is a boy. **एतस्य नाम रामः ।** His name is rAma.	**सः शिक्षकः ।** That is a teacher. **तस्य नाम शिवः ।** His name is shiva. 
	एषः वैद्यः । एतस्य नाम कृष्णः ।	सः छात्रः । तस्य नाम महेशः । 
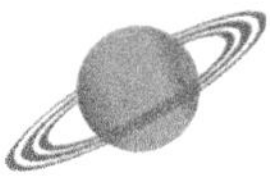	एषः ग्रहः । एतस्य नाम शनिः ।	सः पर्वतः । तस्य नाम हिमालयः । 
	एषा महिला । This is a lady. एतस्याः नाम कला । Her name (is) kalA.	सा छात्रा । She is a student. तस्याः नाम रमा । Her name is ramA. 
	एषा बालिका । एतस्याः नाम नीला ।	सा बालिका । तस्याः नाम मालती । 
	एतत् मित्रम् । This is a friend. एतस्य नाम रमेशः । His name (is) ramesha.	तत् नगरम् । That is a city. तस्य नाम देहली । Name of the city is dehlI. 

अभ्यासः

चित्रं दृष्ट्वा उत्तरं लिखतु। Look at the picture and write the answer.

	_____ (गजः) कर्णः।
	_____ (मार्जारः) पुच्छम्।
	_____ (बालकः) स्यूतः।
	_____ (बालिका) उपनेत्रम्।
	_____ (छात्रा) हस्तः।
	_____ (नदी) जलम्।
	_____ (चक्रयानम्) चालकः।
	_____ (गृहम्) द्वारम्।

षष्ठी विभक्तिः – बहुवचनरूपाणि

१. पर्वतस्य शिखरम्	पर्वतानां शिखराणि
२. महिलायाः शाटिका	महिलानां शाटिकाः
३. वाहनस्य चालकः	वाहनानां चालकाः
४. तस्य नगरम्	तेषां नगरम्
५. एतस्य वाहनम्	एतेषां वाहनानि
६. तस्याः कार्यालयः	तासां कार्यालयः
७. एतस्याः आपणः	एतासाम् आपणाः
८. मम राष्ट्रम्	अस्माकं राष्ट्रम्
९. भवतः गृहम्	भवतां गृहम्
१०. भवत्याः आभरणम्	भवतीनाम् आभरणानि

षष्ठी विभक्तिः – अन्यपदानि

११. कवेः लेखनी	कवीनां लेखन्यः
१२. गुरोः पुस्तकम्	गुरूणां पुस्तकानि
१३. पितुः गृहम्	पितॄणां गृहाणि
१४. युवतेः स्यूतः	युवतीनां स्यूताः
१५. धेनोः पुच्छम्	धेनूनां पुच्छानि
१६. मातुः शिशुः	मातॄणां शिशवः

सुभाषितम्

दुर्बलस्य बलं राजा बालानां रोदनं बलम् ।
बलं मूर्खस्य मौनित्वं चोराणाम् अनृतं बलम् ॥

16. कस्य, कस्याः Whose

१. एषः कस्य स्यूतः? Whose bag is this?	एषः सुरेशस्य स्यूतः । This is the bag of suresha.
२. सा कस्याः पेटिका? Whose box is that?	सा नलिन्याः पेटिका । That is the box of nalinI.
३. एतत् कस्य गृहम्?	एतत् मित्रस्य गृहम् ।
४. तत् कस्य युतकम्?	तत् भवतः युतकम् ।

अभ्यासः

यथोदाहरणं रिक्तस्थानानि पूरयतु । Fill in the blanks per the example.

१. एतत् रामस्य भवनम् । एतत् कस्य भवनम्?

२. एषः उपवनस्य मार्गः । एषः ______ मार्गः?

३. एतत् भवतः नगरम् । एतत् ______ नगरम्?

४. एषा भवत्याः दूरवाणी । एषा ______ दूरवाणी?

५. एतत् वृक्षस्य पर्णम् । एतत् ______ पर्णम्?

६. एषः लतायाः पुत्रः । एषः ______ पुत्रः?

७. सा रमेशस्य पुत्री । सा ______ पुत्री?

८. सः धनस्य कोशः । सः ______ कोशः?

९. तत् नद्याः जलम् । तत् ______ जलम्?

१०. एतत् भवनस्य द्वारम् । एतत् ______ द्वारम्?

११. तत् गुरोः पादत्राणम् । तत् ______ पादत्राणम्?

१२. सः वैद्यायाः चिकित्सालयः । सः ______ चिकित्सालयः?

१३. सा सौचिकस्य कर्तरी । सा ______ कर्तरी?

17. पुरतः, पृष्ठतः दिशावाचकाः Directions

	बालिकायाः पुरतः सङ्गणकम् अस्ति । In front of the girl, is a computer.
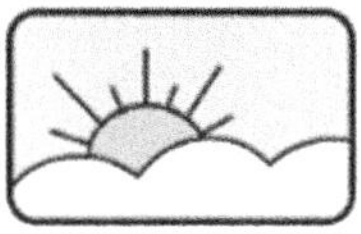	मेघस्य पृष्ठतः सूर्यः अस्ति । Behind the cloud is the sun.
	निधानिकायाः उपरि दीपः अस्ति । Above the shelf, is a lamp.
	छत्रस्य अधः मालती अस्ति । Under the umbrella, is mAlatI.
	शिक्षकस्य वामतः फलकम् अस्ति । To the left of the teacher is the board.
	अम्बायाः दक्षिणतः पुत्री अस्ति । To the right of mother, is daughter.

सुभाषितम्

नरस्याभरणं रूपं रूपस्याभरणं गुणः ।

गुणस्याभरणं ज्ञानं ज्ञानस्याभरणं क्षमा ॥

अभ्यासः

रिक्तस्थानानि पूरयतु । Fill in the blanks.

	बालकस्य _____ बालिका अस्ति ।
	पुत्र्याः _____ अम्बा अस्ति ।
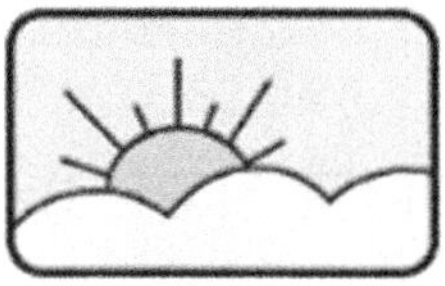	मेघः सूर्यस्य _____ अस्ति ।
	चषकस्य _____ स्थालिका अस्ति ।
	भगिन्याः _____ सहोदरः अस्ति ।
	पात्रस्य _____ पिधानम् अस्ति ।

18. षड् रसाः (रुचिः) Six Tastes

	एतत् लवणम् । This is salt. लवणस्य रुचिः लवणः । Taste of salt is salty.
	एषः निम्बूकः । Thus is lime. निम्बूकस्य रुचिः आम्लः । Taste of lime is sour.
	एषा शर्करा । This is sugar. शर्करायाः रुचिः मधुरः । Taste of sugar is sweet.
	एषा मरीचिका । This is chilli. मरीचिकायाः रुचिः कटुः । Taste of chilli is hot/pungent.
	एतत् कारवेल्लम् । This is bitter-gourd. कारवेल्लस्य रुचिः तिक्तः । Taste of bitter-gourd is bitter.
	एतत् आमलकम् । This is goose berry. आमलकस्य रुचिः कषायः । Taste of goose berry is astringent.

19. क्रियापदानि – वर्तमानकालः Present Tense

किं करोति? What does he/she/it/you do?

	सः चलति He walks.		सा लिखति She writes.
	एषः खादति This eats.		एषा पठति This reads.
	महेशः पिबति mahesha drinks.		लता पश्यति latA looks.
	पुरुषः गच्छति Man goes.		महिला हसति Woman laughs.
	वृद्धः तिष्ठति Old man stands.		बालिका धावति Girl runs.
	भवान् नयति You carry.		भवती खेलति You play.

किं करोमि? What do I do?

अहम् आगच्छामि
I come.

अहं गच्छामि
I go.

अहं खादामि
I eat.

अहं पिबामि
I drink.

अहं लिखामि
I write.

अहं पठामि
I read.

अहं धावामि
I run.

अहं खेलामि
I play.

अभ्यासः

यथोदाहरणं वाक्यानि लिखतु । Write the sentences per the example.

सः चलति	अहं चलामि	सा लिखति	अहं लिखामि
सः खादति		सा पठति	
सः पिबति		सा पश्यति	
एषः गच्छति		एषा हसति	
एषः तिष्ठति		एषा धावति	
भवान् नयति		भवती खेलति	
सः वहति		सा उपविशति	
सः क्रीडति		सा प्रार्थयति	
सः कथयति		सा पतति	
सः स्मरति		सा मिलति	
सः त्यजति		सा पृच्छति	
महेशः वसति		मालती इच्छति	
भक्तः ध्यायति		भक्ता नृत्यति	
चोरः चोरयति		रमा क्षालयति	
अर्चकः पूजयति		लता प्रेषयति	
वैद्यः स्थापयति		वैद्या सूचयति	
वानरः उपविशति		माला प्राप्नोति	

20. क्रियापदानि – वर्तमानकालः – बहुवचनम्

Verbs in Plural-Present Tense

 सः किं करोति?

What does he do?

सः गच्छति ।

He goes.

 ते किं कुर्वन्ति?

What do they do?

ते गच्छन्ति ।

They go.

 एषः किं करोति?

एषः तिष्ठति ।

 एते किं कुर्वन्ति?

एते तिष्ठन्ति ।

 सा किं करोति?

सा हसति ।

 ताः किं कुर्वन्ति?

ताः हसन्ति ।

 एषा किं करोति?

एषा धावति ।

 एताः किं कुर्वन्ति?

एताः धावन्ति

 भवान् किं करोति?

भवान् पठति ।

 भवन्तः किं कुर्वन्ति?

भवन्तः पठन्ति ।

 भवती किं करोति?

भवती गायति ।

 भवत्यः किं कुर्वन्ति?

भवत्यः गायन्ति ।

वयं किं कुर्मः? What do we do?

वयम् आगच्छामः
We come.

वयं गच्छामः
We go.

वयं खादामः
We eat.

वयं पिबामः
We drink.

वयं लिखामः
We write.

वयं पठामः
We read.

वयं धावामः
We run.

वयं खेलामः
We play.

अभ्यासः

यथोदाहरणं वाक्यानि लिखतु । Write the sentences per the example.

सः चलति	ते चलन्ति	सा लिखति	ताः लिखन्ति
सः खादति		सा पठति	
सः पिबति		सा पश्यति	
एषः गच्छति		एषा हसति	
एषः तिष्ठति		एषा धावति	
भवान् नयति		भवती खेलति	
सः वहति		सा उपविशति	
भवान् क्रीडति		एषा क्रीडति	
वानरः उपविशति		एषा पतति	
सः स्मरति		अहं मिलामि	
एषः त्यजति		सा पृच्छति	
महेशः वसति		मालती इच्छति	
भक्तः ध्यायति		भवती नृत्यति	
चोरः चोरयति		अहं क्षालयामि	
अर्चकः पूजयति		वैद्या प्रेषयति	
अहं स्थापयामि		अहं सूचयामि	
अहं मार्जयामि		अहं चालयामि	

21. क्रियापदानि – आज्ञा, प्रार्थना, इच्छा

Verbs - Order/Prayer/Wish

एकवचनम् Singular	बहुवचनम् Plural
किं करोतु?	किं कुर्वन्तु?
What should he/she/it/you do?	What should they/you do?
भवान् पठतु ।	भवन्तः पठन्तु ।
You should/please read.	You should/please read.
बालकः पश्यतु ।	बालकाः क्रीडन्तु ।
Let the boy look.	Let the boys play.
सा चलतु ।	ताः चलन्तु ।
Let her walk.	Let them walk.
भवती धावतु ।	भवत्यः धावन्तु ।
You should/please run.	You should/please run.

अभ्यासः

यथोदाहरणं वाक्यानि लिखतु । Write the sentences per the example.

सः चलति	सः चलतु	सा लिखति	सा लिखतु
सः खादति		सा पठति	
सः पिबति		सा पश्यति	
एषः गच्छति		एषा हसति	
भवान् नयति		भवती खेलति	
सः वहति		सा उपविशति	
भवान् क्रीडति		एषा क्रीडति	
वानरः उपविशति		एषा पतति	
सः स्मरति		मालती इच्छति	
भवान् वसति		भवती नृत्यति	
भक्तः ध्यायति		वैद्या प्रेषयति	
अर्चकः पूजयति		गायिका गायति	
धनिकः ददाति		वृद्धा रोदिति	
छात्रः शक्नोति		छात्रा शृणोति	
देवः करोति		भवत्यः जानन्ति	
भवन्तः त्यजन्ति		ताः मिलन्ति	
ग्राहकाः क्रीणन्ति		ताः पृच्छन्ति	

क्रियापदरूपाणि कोष्ठकः

वर्तमानकालः				आज्ञा/प्रार्थना/इच्छा	
सः/सा/तत्/ भवान्/भवती	ते/ताः/तानि/ भवन्तः/भवत्यः	अहम्	वयम्	सः/सा/तत्/ भवान्/भवती	ते/ताः/तानि/ भवन्तः/भवत्यः
एकवचनम्	बहुवचनम्	एकवचनम्	बहुवचनम्	एकवचनम्	बहुवचनम्
अस्ति	सन्ति	अस्मि	स्मः	अस्तु	सन्तु
आह्वयति	आह्वयन्ति	आह्वयामि	आह्वयामः	आह्वयतु	आह्वयन्तु
करोति	कुर्वन्ति	करोमि	कुर्मः	करोतु	कुर्वन्तु
क्रीणाति	क्रीणन्ति	क्रीणामि	क्रीणीमः	क्रीणातु	क्रीणन्तु
गृह्णाति	गृह्णन्ति	गृह्णामि	गृह्णीमः	गृह्णातु	गृह्णन्तु
जानाति	जानन्ति	जानामि	जानीमः	जानातु	जानन्तु
ददाति	ददति	ददामि	दद्मः	ददातु	ददतु
नृत्यति	नृत्यन्ति	नृत्यामि	नृत्यामः	नृत्यतु	नृत्यन्तु
पूजयति	पूजयन्ति	पूजयामि	पूजयामः	पूजयतु	पूजयन्तु
पृच्छति	पृच्छन्ति	पृच्छामि	पृच्छामः	पृच्छतु	पृच्छन्तु
प्राप्नोति	प्राप्नुवन्ति	प्राप्नोमि	प्राप्नुमः	प्राप्नोतु	प्राप्नुवन्तु
रोदिति	रुदन्ति	रोदिमि	रुदिमः	रोदितु	रुदन्तु
शक्नोति	शक्नुवन्ति	शक्नोमि	शक्नुमः	शक्नोतु	शक्नुवन्तु
शृणोति	शृण्वन्ति	शृणोमि	शृणुमः	शृणोतु	शृण्वन्तु

22. द्वितीया विभक्तिः Second Case Ending

	सः बालकः । He is a boy. सः स्यूतः । That is bag.	बालकः किं नयति? What does the boy carry? बालकः **स्यूतं** नयति । Boy carries the bag.
	सा नलिनी । That is nalinI. सा द्विचक्रिका । That is bicycle.	नलिनी किं चालयति? What does nalinI drive? नलिनी **द्विचक्रिकां** चालयति । nalinI drives a bicycle.
	सा बालिका । That is a girl. सा दूरवाणी । That is phone.	बालिका किं पश्यति? What does the girl look at? बालिका **दूरवाणीं** पश्यति । The girl looks at the phone.
	सः अशोकः । That is ashoka. तत् भोजनम् । That is food.	अशोकः किं खादति? What does ashoka eat? अशोकः **भोजनं** खादति । ashoka eats food.
	सः कपिलः । That is kapila. तत् पेयम् । That is a drink.	कपिलः किं पिबति What does kapila drink? कपिलः **पेयं** पिबति । kapila drinks a drink.
	सः बालकः । He is a boy. तत् पुस्तकम् । That is a book.	बालकः किं पठति? What does the boy read? बालकः **पुस्तकं** पठति । The boy reads a book.

द्वितीया विभक्तिः – बहुवचनरूपाणि

Second Case Ending - Plural Forms

१. बालकः स्यूतं नयति ।	बालकः स्यूतान् नयति ।
२. सौचिकः वस्त्रं सीव्यति ।	सौचिकः वस्त्राणि सीव्यति ।
३. बालिका पेटिकां पश्यति ।	बालिका पेटिकाः पश्यति ।
४. लेखकः लेखनीं क्रीणाति ।	लेखकः लेखनीः क्रीणाति ।

द्वितीया विभक्तिः – अन्यपदानि

५. लोकः कविं नमति ।	लोकः कवीन् नमति ।
६. छात्रः गुरुं नमति ।	छात्रः गुरून् नमति ।
७. बालिका भ्रातरं वदति ।	बालिका भ्रातॄन् वदति ।
८. बालिका युवतिं पृच्छति ।	बालिका युवतीः पृच्छति ।
९. गोपालः धेनुं पश्यति ।	गोपालः धेनूः पश्यति ।
१०.पिता दुहितरम् आह्वयति ।	पिता दुहितॄः आह्वयति ।

अभ्यासः

कः किं करोति - योजयतु । Match who does what.

चित्रकारः	काव्यं लिखति ।
गायकः	केशं कर्तयति ।
कविः	भोजनं पचति ।
क्षौरिकः	वस्त्रं क्षालयति ।
धीवरः	चित्रं लिखति ।
रजकः	मत्स्यं गृह्णाति ।
पाचकः	गीतं गायति ।

अभ्यासः

यथोदाहरणं वाक्यानि लिखतु । Write the sentences per the example.

१. वानरः <u>फलं</u> खादति ।

२. हरिणः _____ (तृणम्) खादति ।

३. अश्वः _____ (जलम्) पिबति ।

४. बालिका _____ (आपणः) गच्छति ।

५. छात्रः _____ (विद्यालयः) प्राप्नोति ।

६. छात्रा _____ (पाठः) पठति ।

७. धीवरः _____ (मत्स्यः) गृह्णाति ।

८. भगिनी _____ (घटी) पश्यति ।

९. लेखकः _____ (लेखनम्) लिखति ।

१०. सहोदरः _____ (कथा) कथयति ।

११. अहं _____ (कन्दुकः) आनयामि ।

१२. वयम् _____ (उपवनम्) गच्छामः ।

१३. सः _____ (मित्रम्) आह्वयति ।

१४. सा _____ (नदी) तरति ।

१५. ते _____ (भवती) पश्यन्ति ।

१६. ताः _____ (शाकम्) क्रीणन्ति ।

१७. भवान् _____ (प्रश्नः) पृच्छतु ।

१८. भवती _____ (शाटिका) नयतु ।

१९. भवन्तः _____ (गृहम्) प्रविशन्तु ।

संभाषणम् Conversation

मनोजः – सुप्रभातम् । भवती किं करोति?

राधा – सुप्रभातम् । अहं प्रातःभ्रमणं करोमि ।

मनोजः – भवती अनन्तरं किं करोति?

राधा – अहम् अनन्तरं फलं खादामि । विद्यालयं गच्छामि । भवान्
प्रातः किं करोति?

मनोजः – अहं प्रातः दन्तधावनं करोमि । अनन्तरं दुग्धं पिबामि ।

राधा – अनन्तरं भवान् विद्यालयं गच्छति किम्?

मनोजः – न, अहं पुस्तकं पठामि ।

राधा – भवतः शिक्षकस्य नाम किम्?

मनोजः – मम शिक्षकस्य नाम समीरः । सः चित्रं लिखति ।

राधा – मम शिक्षिकायाः नाम सुमा । सा गीतं गायति ।

मनोजः – भवत्याः गृहस्य समीपे किम् अस्ति?

राधा – मम गृहस्य समीपे उपवनम् अस्ति । तत्र पुष्पाणि भवन्ति ।

मनोजः – तत्र वानराः सन्ति किम्?

राधा – आम्, तत्र वानराः सन्ति । ते क्रीडन्ति। खगाः कूजन्ति ।

मनोजः – मम गृहस्य समीपे कूपी अस्ति। जनाः कूप्याः जलं नयन्ति।

राधा – तत्र मण्डूकाः सन्ति किम्?

मनोजः – न, तत्र मण्डूकाः न सन्ति ।

राधा – अस्तु । मम विलम्बः भवति। अहं गच्छामि।

मनोजः – अस्तु । शुभदिनम् ।

23. तृतीया विभक्तिः Third Case Ending

	सः पुरुषः । That is a man. सः चमसः । That is spoon.	पुरुषः केन खादति? With what does the man eat? पुरुषः **चमसेन** खादति । The man eats with a spoon.
	सः चालकः । तत् वाहनम् ।	चालकः केन गच्छति? चालकः **वाहनेन** गच्छति ।
	सा छात्रा । सा लेखनी ।	छात्रा कया लिखति? छात्रा **लेखन्या** लिखति ।
	सा बालिका । सा द्विचक्रिका ।	बालिका कया गच्छति? बालिका **द्विचक्रिकया** गच्छति ।

तृतीया विभक्तिः – कोष्ठकः

एकवचनम्	बहुवचनम्	एकवचनम्	बहुवचनम्
बालकेन	बालकैः	बालिकया	बालिकाभिः
कविना	कविभिः	युवत्या	युवतिभिः
गुरुणा	गुरुभिः	धेन्वा	धेनुभिः
पित्रा	पितृभिः	मात्रा	मातृभिः
भवता	भवद्भिः	भवत्या	भवतीभिः

सुभाषितम्

काव्यशास्त्रविनोदेन कालो गच्छति धीमताम् ।

व्यसनेन च मूर्खाणां निद्रया कलहेन वा ॥

अभ्यासः

यथोदाहरणं रिक्तस्थानानि पूरयतु । Fill in the blanks per the example.

१. श्रमिकः खनित्रेण खनति ।

२. सेवकः _________ (दण्डः) शुनकं ताडयति ।

३. अर्चकः _________ (पुष्पम्) देवं पूजयति ।

४. महिला _________ (कुञ्चिका) द्वारम् उद्घाटयति ।

५. छात्रः _________ (संस्कृतभाषा) वदति ।

६. सेवकः _________ (संमार्जनी) भवनं मार्जयति ।

७. सौचिकः _________ (सूची) वस्त्रं सीव्यति ।

८. सहोदरः _________ (वाहनम्) कार्यालयं प्राप्नोति ।

९. बालकः _________ (हस्तः) शब्दं करोति ।

१०. जनाः _________ (नौका) नदीं तरन्ति ।

यथोदाहरणं रिक्तस्थानानि पूरयतु । Fill in the blanks per the example.

१. श्रमिकः खनित्रेण खनति । श्रमिकः केन खनति?

२. शुनकः पादेन चलति । शुनकः _________ चलति?

३. पाचकः छुरिकया कर्तयति । पाचकः _________ कर्तयति?

४. लेखकः लेखन्या लिखति । लेखकः _________ लिखति?

५. कृषिकः हलेन कर्षति । कृषिकः _________ कर्षति?

६. अहं कर्णेन संगीतं श्रृणोमि। अहं _________ संगीतं श्रृणोमि?

७. भवती नेत्रेण चित्रं पश्यति। भवती _________ चित्रं पश्यति?

24. सह, विना With, Without

१. शिक्षकः छात्रेण सह पठति । Teacher reads with student.

२. अशोकः मित्रेण सह मिलति ।

३. माला सख्या सह विद्यालयं प्राप्नोति ।

४. रमेशः शुनकेन सह धावति ।

५. मालती लतया सह नृत्यति ।

६. बालकः सहोदरेण सह आपणं गच्छति ।

७. भगिनी अम्बया सह आगच्छति ।

८. हरिणः व्याघ्रेण सह चरति ।

९. पुत्री भगिन्या सह वसति ।

१०. रमेशः कन्दुकेन सह क्रीडति ।

११. भगिनीं विना सहोदरः खादति । Brother eats without sister.

१२. सङ्गणकं विना कार्यं कठिनम् ।

१३. उपनेत्रं विना अहं चित्रं पश्यामि ।

१४. मालां विना नलिनी आगच्छति ।

१५. लेखनीं विना लेखनं न साध्यम् ।

१६. अशोकः मित्रं विना भोजनं करोति ।

१७. शिक्षकं विना ज्ञानं न शक्यम् ।

१८. सूर्यं विना प्रकाशः न भवति ।

१९. चक्रं विना वाहनं न गच्छति ।

२०. दुग्धं विना बालकः रोदिति ।

संभाषणम्

महेशः – भवान् श्वः कुत्र गच्छति?

गिरीशः – अहं श्वः श्रीनगरं गच्छामि ।

महेशः – श्रीनगरं भवान् लोकयानेन प्राप्नोति किम्?

गिरीशः – अहं श्रीनगरं विमानयानेन प्राप्नोमि ।

महेशः – भवान् तत्र केन सह गच्छति?

गिरीशः – अहं तत्र मम भगिन्या सह गच्छामि ।

महेशः – तत्र कः कार्यक्रमः भवति?

गिरीशः – तत्र मम भगिन्याः नृत्यकार्यक्रमः भवति ।

महेशः – अस्तु । भवतः प्रवासः सुखकरः भवतु ।

अभ्यासः

पदानि योजयतु । Match the columns.

श्रमिकः	परिश्रमं विना न भवति ।
वृषभशकटः	जलं विना न जीवति ।
चित्रकारः	जलं विना न भवति ।
मत्स्यः	सर्पेण सह युद्ध्यति ।
विमानम्	मित्रेण सह भाषणं करोमि ।
स्नानम्	खनित्रेण खनति ।
फलम्	इन्धनं विना न चलति ।
नकुलः	कूर्चेण लिखति ।
अहम्	मन्दं गच्छति ।

25. शीघ्रम्, मन्दम्, उच्चैः, शनैः Fast, Slow

Fast, Slow, High, Low

 अश्वः शीघ्रं धावति
Horse runs fast.

 कूर्मः मन्दं चलति
Turtle walks slow.

 बालकः उच्चैः हसति
Boy laughs loudly.

 बालकः शनैः वदति
Boy talks slowly.

अभ्यासः

रिक्तस्थानानि पूरयतु । Fill in the blanks.

१. सिंहः _____ गर्जति ।

२. शशकः _____ धावति ।

३. पिपीलिका _____ गच्छति ।

४. चोरः _____ धावति ।

५. दीपः _____ ज्वलति ।

६. भक्तः _____ गायति ।

७. संस्कृताभ्यासः _____ भवति ।

८. विमानं _____ गच्छति ।

९. नदी _____ वहति ।

१०. कालः _____ गच्छति ।

११. भवान् _____ पठति ।

26. कथम् How

१. अश्वः कथं धावति? अश्वः शीघ्रं धावति ।

How does a horse run? A horse runs fast.

२. कूर्मः कथं चलति? कूर्मः मन्दं चलति ।

३. छात्रा कथं पठति? छात्रा उच्चैः पठति ।

४. गजः कथं गच्छति? गजः शनैः गच्छति ।

५. अहं कथं गायामि? अहं मधुरं गायामि ।

६. एषा कथं नृत्यति? एषा सुन्दरं नृत्यति ।

७. भवती कथम् अस्ति? भवती सम्यक् अस्ति ।

८. वाहनं कथम् अस्ति? वाहनम् उत्तमम् अस्ति ।

९. नगरस्य मार्गः कथम् अस्ति? नगरस्य मार्गः समीचीनः अस्ति।

मार्गः सम्यक्	मार्गः समीचीनः	मार्गः उत्तमः
घटी सम्यक्	घटी समीचीना	घटी उत्तमा
पुस्तकं सम्यक्	पुस्तकं समीचीनम्	पुस्तकम् उत्तमम्

अभ्यासः

पदानि योजयतु । Match the columns.

चित्रम्	उत्तमा अस्ति ।
लेखनी	उच्चैः बुक्कति ।
वायुः	सुन्दरम् अस्ति ।
प्रश्नः	मन्दं वहति ।
शुनकः	समीचीनः अस्ति ।

27. सप्ताहस्य दिनानि Days of a Week

सोमवासरः Monday	**प्रपरह्यः**
मङ्गलवासरः Tuesday	**परह्यः** Day before yesterday
बुधवासरः Wednesday	**ह्यः** Yesterday
गुरुवासरः Thursday	**अद्य** Today
शुक्रवासरः Friday	**श्वः** Tomorrow
शनिवासरः Saturday	**परश्वः** Day after tomorrow
रविवासरः Sunday	**प्रपरश्वः**

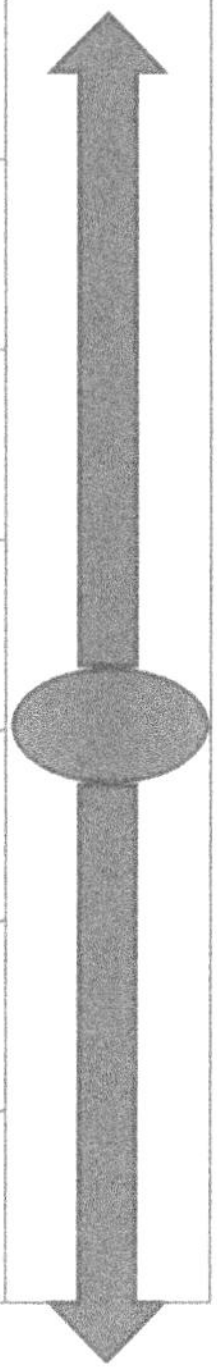

अभ्यासः

अद्य सोमवासरः ।	प्रपरह्यः कः वासरः?
श्वः मङ्गलवासरः । Tomorrow is Tuesday.	परह्यः कः वासरः? What was the day before yesterday?
परह्यः बुधवासरः ।	ह्यः कः वासरः?
प्रपरह्यः गुरुवासरः ।	अद्य कः वासरः?
ह्यः शुक्रवासरः ।	श्वः कः वासरः?
प्रपरश्वः शनिवासरः ।	परश्वः कः वासरः?
परश्वः रविवासरः ।	प्रपरश्वः कः वासरः?

28. संख्याः Numbers

१ 1	एकः/एका/एकम्*	११ 11	एकादश
२ 2	द्वौ/द्वे/द्वे*	१२ 12	द्वादश
३ 3	त्रयः/तिस्रः/त्रीणि*	१३ 13	त्रयोदश
४ 4	चत्वारः/चतस्रः/चत्वारि*	१४ 14	चतुर्दश
५ 5	पञ्च	१५ 15	पञ्चदश
६ 6	षट्	१६ 16	षोडश
७ 7	सप्त	१७ 17	सप्तदश
८ 8	अष्ट	१८ 18	अष्टादश
९ 9	नव	१९ 19	नवदश
१० 10	दश	२० 20	विंशतिः

*पुंलिङ्गे masculine/स्त्रीलिङ्गे feminine/नपुंसकलिङ्गे neuter

29. कति How many

	कति पुरुषाः सन्ति? How many men are there? त्रयः पुरुषाः सन्ति । There are three men.
	कति बालिकाः सन्ति? चतस्रः बालिकाः सन्ति ।
	कति फलानि सन्ति? पञ्च फलानि सन्ति ।

संख्या-कोष्ठकः २१-६० Numbers 21-60			
एकविंशतिः	एकत्रिंशत्	एकचत्वारिंशत्	एकपञ्चाशत्
द्वाविंशतिः	द्वात्रिंशत्	द्वा/द्विचत्वारिंशत्	द्वा/द्विपञ्चाशत्
त्रयोविंशतिः	त्रयस्त्रिंशत्	त्रि/त्रयश्चत्वारिंशत्	त्रि/त्रयःपञ्चाशत्
चतुर्विंशतिः	चतुस्त्रिंशत्	चतुश्चत्वारिंशत्	चतुःपञ्चाशत्
पञ्चविंशतिः	पञ्चत्रिंशत्	पञ्चचत्वारिंशत्	पञ्चपञ्चाशत्
षड्-विंशतिः	षट्-त्रिंशत्	षट्-चत्वारिंशत्	षट्-पञ्चाशत्
सप्तविंशतिः	सप्तत्रिंशत्	सप्तचत्वारिंशत्	सप्तपञ्चाशत्
अष्टाविंशतिः	अष्टात्रिंशत्	अष्ट/अष्टाचत्वारिंशत्	अष्ट/अष्टापञ्चाशत्
नवविंशतिः	नवत्रिंशत्	नवचत्वारिंशत्	नवपञ्चाशत्
30 त्रिंशत्	40 चत्वारिंशत्	50 पञ्चाशत्	60 षष्टिः

अभ्यासः

उत्तराणि लिखतु । Write the answers.

१. सप्तविंशतिः + नव = _____

२. पञ्चाशत् + एकादश = _____

३. षोडश + पञ्चविंशतिः = _____

४. सप्ताहस्य कति दिनानि?

५. संवत्सरस्य कति मासाः?

६. चक्रयानस्य कति चक्राणि?

संख्या-कोष्ठकः ६१-१०० Numbers 61-100			
एकषष्टिः	एकसप्ततिः	एकाशीतिः	एकनवतिः
द्वा/द्विषष्टिः	द्वा/द्विसप्ततिः	द्व्यशीतिः	द्वा/द्विनवतिः
त्रि/त्रयःषष्टिः	त्रि/त्रयस्सप्ततिः	त्र्यशीतिः	त्रि/त्रयोनवतिः
चतुष्षष्टिः	चतुस्सप्ततिः	चतुरशीतिः	चतुर्नवतिः
पञ्चषष्टिः	पञ्चसप्ततिः	पञ्चाशीतिः	पञ्चनवतिः
षट्-षष्टिः	षट्-सप्ततिः	षडशीतिः	षण्णवतिः
सप्तषष्टिः	सप्तसप्ततिः	सप्ताशीतिः	सप्तनवतिः
अष्ट/अष्टाषष्टिः	अष्ट/अष्टासप्ततिः	अष्टाशीतिः	अष्ट/अष्टानवतिः
नवषष्टिः	नवसप्ततिः	नवाशीतिः	नवनवतिः
70 सप्ततिः	80 अशीतिः	90 नवतिः	100 शतम्

शतम् (१००)	१००	खर्वः	वृन्दः x १०
सहस्रम्	१०००	निखर्वः	खर्वः x १०
अयुतम्	१०,०००	शङ्खः/शङ्कुः	निखर्वः x १०
लक्षम्	१००,०००	पद्मः	शङ्खः x १०
प्रयुतम्/नियुतम्	१,०००,०००	सागरः/जलधिः	पद्मः x १०
कोटिः	१०,०००,०००	अन्त्यम्	सागरः x १०
अर्बुदम्	१००,०००,०००	मध्यम्	अन्त्यम् x १०
वृन्दः/अब्जम्	१,०००,०००,०००	परार्धम्	मध्यम् x १०

30. समयः कः What is the time

 द्वादशवादनम्	 नववादनम्	 सपादचतुर्वादनम्
 सार्धद्विवादनम्	 सार्धदशवादनम्	 पादोनत्रिवादनम्

अभ्यासः

31. कदा When

१. शिक्षकः कदा पाठयति? When does teacher teach?	शिक्षकः दशवादने पाठयति । Teacher teaches at ten.
२. मित्राणि कदा गच्छन्ति?	मित्राणि एकवादने गच्छन्ति ।
३. भोजनं कदा भवति?	भोजनं सार्धैकवादने भवति ।
४. वयं कदा क्रीडामः?	वयं पादोनत्रिवादने क्रीडामः ।
५. भवान् कदा गायति?	भवान् सपादाष्टवादने गायति ।
६. भवती कदा पूजयति?	भवती प्रातः पूजयति ।
७. बालकः कदा निद्राति?	बालकः सायं निद्राति ।

अभ्यासः

१. सहोदरः कदा चित्रं पश्यति?

२. अम्बा कदा ग्रन्थालयं गच्छति?

३. भवान् कदा खादति?

४. भवती कदा उत्तिष्ठति?

५. श्वः सूर्योदयः कदा भवति?

६. अद्य सूर्यास्तः कदा भवति?

७. लोकयानं कदा चलति?

८. विरामकालः कदा भवति?

९. पठनस्य समयः कदा?

समयः कः?	✓	कति वादनम्?	✗	एकवादनम्	✓
समयः कः?	✓	घण्टा कः?	✗	एकं वादनम्	✗

32. चतुर्थी विभक्तिः Fourth Case Ending

१. धनिकः **कस्मै** धनं ददाति? धनिकः पुत्राय धनं ददाति ।

To whom does the rich give money? The rich gives money to the son.

१. अशोकः **मित्राय** पुस्तकं ददाति ।

२. रमा **कस्यै** शर्करां ददाति? रमा **उमायै** शर्करां ददाति ।

३. सुमा **नलिन्यै** पत्रं प्रेषयति । sumA sends letter to nalinI.

४. आरक्षकः **चोराय** कुप्यति । Policeman frowns at thief.

५. दुर्जनः **मित्राय** द्रुह्यति । Wicked cheats friend.

६. निर्धनः **धनिकाय** असूयति । Poor envies rich.

७. **मह्यं** मधुरं रोचते । Sweet is dear to me.

८. **देवाय** नमः । Salutation to god.

चतुर्थी विभक्तिः – कोष्ठकः

एकवचनम्	बहुवचनम्	एकवचनम्	बहुवचनम्
बालकाय	बालकेभ्यः	बालिकायै	बालिकाभ्यः
कवये	कविभ्यः	युवत्यै/युवतये	युवतिभ्यः
गुरवे	गुरुभ्यः	धेन्वै/धेनवे	धेनुभ्यः
पित्रे	पितृभ्यः	मात्रे	मातृभ्यः
भवते	भवद्भ्यः	भवत्यै	भवतीभ्यः

सर्वेभ्यः नमः	✓	सर्वेभ्यः नमस्कारः	✘
नमस्ते	✓	सर्वेभ्यः नमस्ते	✘

अभ्यासः

रिक्तस्थानानि पूरयतु । Fill in the blanks.

१. बालकः _____ (मार्जारः) खाद्यं ददाति ।

२. पुत्रः _____ (सहोदरः) युतकं ददाति ।

३. सहोदरः _____ (मित्रम्) पुस्तकं ददाति ।

४. अम्बा _____ (पुत्रः) भोजनं ददाति ।

५. हरिणः _____ (वत्सः) दुग्धं ददाति ।

६. विद्या _____ (छात्रः) विनयं ददाति ।

७. अहं _____ (भगिनी) उपायनं प्रेषयामि ।

८. मूर्खः _____ (पण्डितः) असूयति ।

९. _____ (रमा) नमः ।

१०. _____ (भवान्) संगीतं रोचते ।

यथोदाहरणं रिक्तस्थानानि पूरयतु । Fill in the blanks per the example.

१. बालकः वानराय फलं ददाति । बालकः <u>कस्मै</u> खाद्यं ददाति?

२. सुमा नलिन्यै पत्रं प्रेषयति । सुमा _____ पत्रं प्रेषयति?

३. आरक्षकः चोराय कुप्यति । आरक्षकः _____ कुप्यति?

४. दुर्जनः मित्राय द्रुह्यति । दुर्जनः _____ द्रुह्यति?

५. निर्धनः धनिकाय असूयति । निर्धनः _____ असूयति?

६. भवत्यै मधुरं रोचते । _____ मधुरं रोचते?

७. भगिन्यै नमः । _____ नमः?

33. किमर्थम् What for

१. छात्रः किमर्थं पठति?	छात्रः ज्ञानार्थं पठति ।
२. गायकः किमर्थं गायति?	गायकः मनोरञ्जनार्थं गायति ।
३. विदूषकः किमर्थं हसति?	विदूषकः विनोदार्थं हसति ।
४. सः किमर्थं क्रीडति?	सः सन्तोषार्थं क्रीडति ।
५. बालकः किमर्थं रोदिति?	बालकः दुग्धार्थं रोदिति ।
६. व्याधः किमर्थं धावति?	व्याधः मृगार्थं धावति ।
७. बालिका किमर्थं धावति?	बालिका आरोग्यार्थं धावति ।
८. सा किमर्थं गच्छति?	सा खादनार्थं गच्छति ।

अभ्यासः

उत्तराणि लिखतु। Write the answers.

१. भवान् किमर्थं संस्कृतं पठति?

२. भवती किमर्थं खादति?

३. जनाः किमर्थं धनम् इच्छन्ति?

४. मेघः किमर्थं वर्षति?

५. चोरः किमर्थं चोरयति?

६. कृषिकः किमर्थं कर्षति?

७. नदी किमर्थं वहति?

सुभाषितम्

विद्या विवादाय धनं मदाय शक्तिः परेषां परिपीडनाय ।

खलस्य साधोर्विपरीतमेतद् ज्ञानाय दानाय च रक्षणाय ॥

34. कीदृशम् What kind

गिरीशः - भवान् गृहाभ्यासं कथं करोति?

रमेशः - अहं गृहाभ्यासं सङ्गणकेन करोमि ।

गिरीशः - भवतः समीपे कीदृशसङ्गणकम् अस्ति?

रमेशः - मम समीपे लघु सङ्गणकम् अस्ति ।

गिरीशः - भवतः सङ्गणकं दर्शयतु कृपया ।

रमेशः - मम सङ्गणकम् अत्र पश्यतु ।

गिरीशः - ईदृशसङ्गणकस्य कियत् मूल्यम्?

रमेशः - ईदृशसङ्गणकस्य सहस्ररूप्यकाणि ।

गिरीशः - लतायाः समीपे कीदृशं सङ्गणकम् अस्ति?

रमेशः - लतायाः समीपे बृहत् सङ्गणकम् अस्ति ।

गिरीशः - तादृशसङ्गणकेन किं प्रयोजनम्?

रमेशः - तादृशसङ्गणकेन कार्यं शीघ्रं भवति ।

गिरीशः - तादृशसङ्गणकस्य कियत् मूल्यम्?

रमेशः - तादृशसङ्गणकस्य मूल्यम् अधिकं भवति ।

गिरीशः - अहम् ईदृशसङ्गणकं क्रीणामि । सङ्गणकस्य आपणः कियत् दूरम् अस्ति?

रमेशः - सङ्गणकस्य आपणः समीपे अस्ति ।

गिरीशः - अस्तु । धन्यवादः ।

कीदृशं सङ्गणकम्	कीदृशः आपणः	कीदृशी नदी	बृहत्
कियत् दूरम्	✓	कति दूरम्	✗

अभ्यासः

कियत् वा कति? रिक्तस्थानानि पूरयतु । Fill in the blanks.

१. घट्याः _____ हस्ताः सन्ति?

२. बहिः _____ शैत्यम् अस्ति?

३. सर्पस्य _____ कर्णाः सन्ति?

४. नद्यां _____ जलम् अस्ति?

५. भवतः समीपे _____ धनम् अस्ति?

६. पुस्तकं _____ जनाः पठन्ति?

७. चित्रं _____ सुन्दरम् अस्ति?

८. जीवने _____ सुखम् अस्ति?

९. शुनकस्य _____ पादाः सन्ति?

१०. चषके _____ दुग्धम् अस्ति?

११. भवत्याः गृहं _____ मित्राणि आगच्छन्ति?

कीदृशः, कीदृशी, कीदृशम्? रिक्तस्थानानि पूरयतु । Fill in the blanks.

१२. चित्रं _____ अस्ति?

१३. मार्गः _____ अस्ति?

१४. द्विचक्रिका _____ अस्ति?

१५. वृक्षः _____ अस्ति?

१६. फलं _____ भवति?

१७. वर्गः _____ भवति?

१८. लेखनं _____ अस्ति?

संभाषणम्

मालती - एतस्य युतकस्य कियत् मूल्यम्?

आपणिकः - एतस्य पञ्चाशत् रूप्यकाणि ।

मालती - पादत्राणस्य कियत् मूल्यम्?

आपणिकः - पादत्राणस्य शतं रूप्यकाणि ।

मालती - एतस्य ऊरुकस्य कियत् मूल्यम्?

आपणिकः - ऊरुकस्य षष्टिः रूप्यकाणि । किमर्थं मूल्यं पृच्छति?

मालती -श्वः मम सहोदरस्य जन्मदिनम् ।तस्मै किञ्चित् उपायनं ददामि ।

आपणिकः - भवत्याः सहोदराय किं रोचते?

मालती - तस्मै युतकं रोचते ।

आपणिकः - अस्तु । तर्हि युतकं क्रीणातु । कति युतकानि इच्छति?

मालती - मम समीपे पञ्चाशत् रूप्यकाणि सन्ति । एकं युतकं पर्याप्तम् ।

आपणिकः - पादत्राणम् अपि क्रीणातु । धनम् अनन्तरं ददातु ।

मालती - पादत्राणं मास्तु । तत् न आवश्यकम् । केवलम् एकं युतकं पर्याप्तम् । एतत् धनं स्वीकरोतु ।

आपणिकः - अस्तु । युतकपेटिकां गृह्णातु । धन्यवादः ।

शतं रूप्यकाणि	✓	शतानि रूप्यकाणि		✗
केवलम्	आवश्यकम्	पर्याप्तम्	अपि	मास्तु

सुभाषितम्

परोपकाराय फलन्ति वृक्षाः परोपकाराय वहन्ति नद्यः ।
परोपकाराय दुहन्ति गावः परोपकारार्थम् इदं शरीरम् ॥

35. सप्तमी विभक्तिः Seventh Case Ending

	**महेशः कुत्र उपविशति?** Where does mahesha sit? **महेशः आसन्दे उपविशति ।** mahesha sits in (on) a chair.
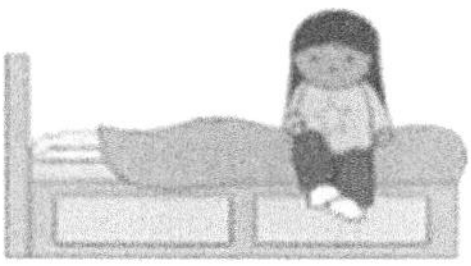	**बालिका कुत्र अस्ति?** Where is the girl? **बालिका शय्यायाम् अस्ति ।** The girl is in the bed.
	**बकः कुत्र तरति?** Where does the duck float? **बकः जले तरति ।** The duck floats in the water.
	**फलानि कुत्र सन्ति?** Where are the fruits? **फलानि वृक्षे सन्ति ।** The fruits are in the tree.
	**अशोकः कुत्र अस्ति?** Where is ashoka? **अशोकः नौकायाम् अस्ति ।** ashoka is in a boat.
	**पुस्तकं कुत्र अस्ति?** Where is the book? **पुस्तकं हस्ते अस्ति ।** The book is in hand.

सप्तमी विभक्तिः - कोष्ठकः

एकवचनम्	बहुवचनम्	एकवचनम्	बहुवचनम्
बालके	बालकेषु	बालिकायाम्	बालिकासु
कवौ	कवीषु	युवत्याम्/युवतौ	युवतीषु
गुरौ	गुरुषु	धेनौ/धेन्वाम्	धेनुषु
पितरि	पितृषु	मातरि	मातृषु
भवति	भवत्सु	भवत्याम्	भवतीषु

अभ्यासः

रिक्तस्थानानि पूरयतु । Fill in the blanks.

१. अहं _____ (विद्यालयः) पठामि ।

२. भवान् _____ (गृहम्) वसति ।

३. भवती _____ (पुस्तकम्) लिखति ।

४. _____ (वनम्) सिंहः अस्ति ।

५. _____ (बिलम्) सर्पः अस्ति ।

६. _____ (कूपी) कूर्मः अस्ति ।

७. _____ (सरोवरः) अधिकं जलं नास्ति ।

८. धनं _____ (पेटिका) अस्ति ।

९. मत्स्यः _____ (नदी) तरति ।

सुभाषितम्

पिण्डे पिण्डे मतिर्भिन्ना कुण्डे कुण्डे नवं पयः ।

जातौ जातौ नवाचारा नवा वाणी मुखे मुखे ॥

36. संबोधनम् Addressing

अशोकः – मित्र महेश, मम गृहे भवतः स्वागतम् अस्ति ।

महेशः – अशोक, अद्य भवतः जन्मदिनस्य उत्सवः ।

अशोकः – महेश, आगच्छतु । आसने उपविशतु ।

महेशः – अस्तु मित्र । उपविशामि ।

अशोकः – सुरेशः, लता, नलिनी अपि गृहे सन्ति । तान् अत्र
आह्वयामि । हे सुरेश, लते, नलिनि अत्र आगच्छन्तु । वयं
मिलित्वा उत्सवम् आचरामः ।

सुरेशः – अशोक, जन्मदिनस्य शुभाशयाः ।

अशोकः – धन्यवादाः । भवन्तः मधुरं खादन्तु ।

लता – आम् अशोक, वयं मधुरं खादामः ।

नलिनी – लते, भवती गीतं गायतु ।

लता – वयं मिलित्वा गीतम् गायामः ।

संबोधनरूपाणि – कोष्ठकः

एकवचनम्	बहुवचनम्	एकवचनम्	बहुवचनम्
बालक	बालकाः	बालिके	बालिकाः
मित्र	मित्राणि	भगिनि	भगिन्यः
कवे	कवयः	युवते	युवतयः
गुरो	गुरवः	धेनो	धेनवः
पितः	पितरः	मातः	मातरः
अम्ब	✓	अम्बे	✗

अभ्यासः

संबोधनरूपम् उपयुज्य रिक्तस्थानानि पूरयतु । Fill in the blanks.

१. _____ (महोदयः), गृहम् आगच्छतु ।

२. _____ (महोदया), पुस्तकं पठतु ।

३. _____ (मित्रम्), चित्रं पश्यतु ।

४. _____ (पुत्रः), गृहाभ्यासं करोतु ।

५. _____ (पुत्री), आपणं गच्छतु ।

६. _____ (भगिनी), वयं वाहनेन गच्छामः ।

७. _____ (सुमा), श्वः परीक्षा भवति ।

८. _____ (सुरेशः), भवतः मित्रं विदेशं गच्छति ।

९. _____ (मालती), अद्य समीरः धावति ।

१०. _____ (समीरः), दुग्धं पिबतु ।

११. _____ (वीरः), युद्धं करोतु ।

१२. _____ (छात्रा), उत्तरं ददातु ।

१३. _____ (छात्रः), प्रश्नं पृच्छतु ।

१४. _____ (वैद्यः), भवान् चिकित्सालयं कदा गच्छति?

१५. _____ (वानरः), फलं खादतु ।

१६. _____ (नलिनी), मम पृष्ठतः आगच्छतु ।

१७. _____ (वैद्या), भवत्या सह चतुर्वादने मिलामि ।

१८. _____ (सर्पः), अत्र मा आगच्छतु ।

१९. _____ (अम्बा), भवत्यै नमः ।

37. पञ्चमी विभक्तिः Fifth Case Ending

	**नदी कस्मात् प्रवहति?** From where does the river flow? **नदी पर्वतात् प्रवहति ।** The river flows from the mountain.
	**विमानं कस्मात् निर्गच्छति?** From where the plane goes away? **विमानं नगरात् निर्गच्छति ।** The plane goes away from the city.
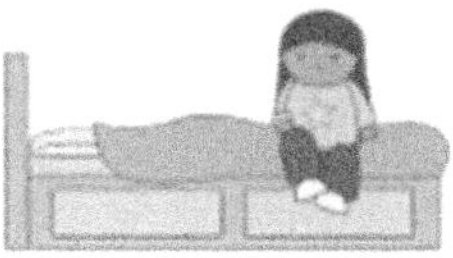	**बालिका कस्याः उत्तिष्ठति?** From where the girl rises? **बालिका शय्यायाः उत्तिष्ठति ।** The girl rises from the bed.
	**मूषकः कस्मात् बिभेति?** From what the mouse fears? **मूषकः मार्जारात् बिभेति ।** The mouse fears from the cat.

पञ्चमी विभक्तिः – कोष्ठकः

एकवचनम्	बहुवचनम्	एकवचनम्	बहुवचनम्
बालकात्	बालकेभ्यः	बालिकायाः	बालिकाभ्यः
कवेः	कविभ्यः	युवत्याः/युवतेः	युवतिभ्यः
गुरोः	गुरुभ्यः	धेनोः/धेन्वाः	धेनुभ्यः
पितुः	पितृभ्यः	मातुः	मातृभ्यः
भवतः	भवद्भ्यः	भवत्याः	भवतीभ्यः

अभ्यासः

रिक्तस्थानानि पूरयतु । Fill in the blanks.

१. अहं _____ (विद्यालयः) आगच्छामि ।

२. लोकयानं _____ (स्थानकम्) गच्छति ।

३. श्रमिकः _____ (नदी) जलम् आनयति ।

४. वृष्टिः _____ (आकाशः) पतति ।

५. बालिका _____ (पेटिका) वस्त्रं गृह्णाति ।

६. _____ (दूरवाणी) ध्वनिः आगच्छति ।

७. धीवरः _____ (समुद्रः) मत्स्यम् आनयति ।

८. महिला _____ (आपणः) शाकम् आनयति ।

९. जनाः _____ (प्रकोष्ठः) गच्छन्ति ।

१०. चषकः _____ (उत्पीठिका) पतति ।

११. छात्रः _____ (स्यूतः) पुस्तकं ददाति ।

१२. भवती _____ (पुस्तकम्) पाठं पठति ।

१३. वानरः _____ (वृक्षः) वृक्षं गच्छति ।

१४. नौका _____ (द्वीपः) द्वीपं गच्छति ।

१५. सर्पः _____ (बिलम्) निर्गच्छति ।

१६. शिक्षकः _____ (आसन्दः) उत्तिष्ठति ।

१७. शृगालः _____ (व्याघ्रः) बिभेति ।

१८. चोरः _____ (आरक्षकः) बिभेति ।

१९. मृगः _____ (सिंहः) बिभेति ।

38. अन्तः, बहिः Inside, Outside

पर्यटकः – एतत् कस्य भवनम्?

मार्गदर्शकः – एतत् राष्ट्राध्यक्षस्य भवनम् ।

पर्यटकः – भवनात् बहिः के तिष्ठन्ति?

मार्गदर्शकः – भवनात् बहिः आरक्षकाः तिष्ठन्ति ।

पर्यटकः – आरक्षकाः किं कुर्वन्ति?

मार्गदर्शकः – आरक्षकाः इतस्ततः चलन्ति । ते भवनस्य रक्षणं
कुर्वन्ति ।

पर्यटकः – भवनस्य अन्तः के जनाः सन्ति?

मार्गदर्शकः – भवनस्य अन्तः राष्ट्रस्य अध्यक्षः वसति । तस्य
कुटुम्बजनाः अपि अन्तः वसन्ति ।

पर्यटकः – भवनात् बहिः केषां वाहनानि सन्ति?

मार्गदर्शकः – भवनात् बहिः सचिवानां वाहनानि सन्ति ।

अन्तः In/Inside	बहिः Out/Outside	इतस्ततः Here and there

अभ्यासः

अन्तः, बहिः - रिक्तस्थानं पूरयतु । Fill in the blanks with अन्तः, बहिः

१. गृहात् _____ नदी अस्ति ।

२. सर्पः _____ (बिलम्) बहिः आगच्छति ।

३. गुहायाः _____ सिंहः वसति ।

४. ग्रन्थालयस्य _____ पुस्तकानि सन्ति ।

५. नगरात् _____ वनम् अस्ति ।

39. संबन्धवाचकपदानि Relationship

पौत्रः	पुत्रस्य पुत्रः	दौहित्रः	पुत्र्याः पुत्रः
पौत्री	पुत्रस्य पुत्री	दौहित्री	पुत्र्याः पुत्री
प्रपौत्रः	पौत्रस्य पुत्रः	प्रपौत्री	पौत्रस्य पुत्री
पितामहः	पितुः पिता	मातामहः	मातुः पिता
पितामही	पितुः माता	मातामही	मातुः माता
प्रपितामहः	पितामहस्य पिता	प्रमातामहः	मातामहस्य पिता
पितृव्यः	पितुः भ्राता	मातुलः	मातुः भ्राता
पितृव्या	पितृव्यस्य पत्नी	मातुलानी	मातुलस्य पत्नी
जामाता	पुत्र्याः पतिः	स्नुषा	पुत्रस्य पत्नी
श्वशुरः	पत्युः/पत्न्याः पिता	श्वश्रूः	पत्युः/पत्न्याः माता
देवरः	पत्युः भ्राता	श्यालः	पत्न्याः भ्राता
ननान्दा	पत्युः भगिनी	आवुत्तः	भगिन्याः पतिः
पितृष्वसा	पितुः भगिनी	भागिनेयः	भगिन्याः पुत्रः

अभ्यासः

महेशस्य पिता माधवः, पत्नी गिरिजा, भ्राता रविः, भगिनी मालती ।

१. गिरिजायाः ____________ मालती ।

२. गिरिजायाः ____________ माधवः ।

३. मालत्याः ____________ रविः ।

४. माधवस्य ____________ मालती ।

40. कुतः, तः, इतः, ततः From where...

लता – सुप्रभातं मालति, कथम् अस्ति भवती?

मालती – लते, अहं सम्यक् । भवती अत्र विमानस्थानके किमर्थम्?

लता – मम मातुलः अद्य विमानेन आगच्छति । अहं मातुलं
स्थानकतः गृहं नयामि ।

मालती – लते, भवत्याः मातुलः कुतः आगच्छति?

लता – सः सिंहपुरतः आगच्छति ।

मालती – शोभनम् । भवती किमर्थम् अत्र?

मालती – मम पितामही इतः अमेरिकादेशं गच्छति । तस्याः विमानं
भारतदेशतः फ्रान्सदेशं गच्छति । ततः अमेरिकादेशं गच्छति ।

लता – भवत्याः पितामही इदानीं भवत्या सह नास्ति किम्?

मालती – मम पितामही तस्याः गृहतः अत्र आगच्छति ।

लता – सा ततः अत्र कथम् आगच्छति?

मालती – सा ततः अत्र लोकयानेन आगच्छति । भवती मातुलं इतः
गृहं कथं नयति?

लता – अहं मातुलम् इतः गृहं भाटकयानेन नयामि । मालति, तत्र
पश्यतु । बृहत् विमानम् आकाशात् अवतरति । इदानीं मम
मातुलः विमानतः बहिः आगच्छति ।

मालती – अस्तु । मम पितामह्याः विमानम् अपि यानाय सिद्धम्
अस्ति। अहं इतः तत्र गच्छामि ।

शोभनम् Nice	इदानीम् Now

41. क्रियापदानि - भूतकालः Past Tense

वर्तमानकालः	भूतकालः
अद्य विरामदिनम् अस्ति । Today is holiday.	ह्यः विरामदिनम् आसीत् । Yesterday was holiday.
सेवकाः भवने सन्ति ।	सेवकाः भवने आसन् ।
अद्य अहं गृहे अस्मि ।	ह्यः अहं गृहे आसम् ।
अद्य वयं क्रीडाङ्गणे स्मः ।	ह्यः वयं क्रीडाङ्गणे आस्म ।
अद्य राष्ट्रोत्सवः भवति ।	ह्यः राष्ट्रोत्सवः अभवत् ।
अद्य कार्यक्रमे गीतानि भवन्ति ।	ह्यः कार्यक्रमे गीतानि अभवन्।
भवान् विद्यालयं गच्छति ।	भवान् विद्यालयं गतवान् ।
भवती पुस्तकं पठति ।	भवती पुस्तकं पठितवती ।
बालिकाः भोजनं खादन्ति ।	बालिकाः भोजनं खादितवत्यः ।

भूतकालरूपाणि – कोष्ठकः

	भूतकालरूपम् (क्तवतु-रूपम्)			
वर्तमानकालः	पुंलिङ्गम्		स्त्रीलिङ्गम्	
एकवचनम्	एकवचनम्	बहुवचनम्	एकवचनम्	बहुवचनम्
आनयति	आनीतवान्	आनीतवन्तः	आनीतवती	आनीतवत्यः
आह्वयति	आहूतवान्	आहूतवन्तः	आहूतवती	आहूतवत्यः
इच्छति	इष्टवान्	इष्टवन्तः	इष्टवती	इष्टवत्यः
उत्तिष्ठति	उत्थितवान्	उत्थितवन्तः	उत्थितवती	उत्थितवत्यः

उपविशति	उपविष्टवान्	उपविष्टवन्तः	उपविष्टवती	उपविष्टवत्यः
करोति	कृतवान्	कृतवन्तः	कृतवती	कृतवत्यः
क्रीडति	क्रीडितवान्	क्रीडितवन्तः	क्रीडितवती	क्रीडितवत्यः
क्रीणाति	क्रीतवान्	क्रीतवन्तः	क्रीतवती	क्रीतवत्यः
खादति	खादितवान्	खादितवन्तः	खादितवती	खादितवत्यः
गच्छति	गतवान्	गतवन्तः	गतवती	गतवत्यः
गायति	गीतवान्	गीतवन्तः	गीतवती	गीतवत्यः
जानाति	ज्ञातवान्	ज्ञातवन्तः	ज्ञातवती	ज्ञातवत्यः
तिष्ठति	स्थितवान्	स्थितवन्तः	स्थितवती	स्थितवत्यः
त्यजति	त्यक्तवान्	त्यक्तवन्तः	त्यक्तवती	त्यक्तवत्यः
ददाति	दत्तवान्	दत्तवन्तः	दत्तवती	दत्तवत्यः
धावति	धावितवान्	धावितवन्तः	धावितवती	धावितवत्यः
नयति	नीतवान्	नीतवन्तः	नीतवती	नीतवत्यः
नृत्यति	नृत्तवान्	नृत्तवन्तः	नृत्तवती	नृत्तवत्यः
पचति	पक्कवान्	पक्कवन्तः	पक्कवती	पक्कवत्यः
पठति	पठितवान्	पठितवन्तः	पठितवती	पठितवत्यः
पतति	पतितवान्	पतितवन्तः	पतितवती	पतितवत्यः
पश्यति	दृष्टवान्	दृष्टवन्तः	दृष्टवती	दृष्टवत्यः

पिबति	पीतवान्	पीतवन्तः	पीतवती	पीतवत्यः
पूजयति	पूजितवान्	पूजितवन्तः	पूजितवती	पूजितवत्यः
पृच्छति	पृष्टवान्	पृष्टवन्तः	पृष्टवती	पृष्टवत्यः
प्रक्षालयति	प्रक्षालितवान्	प्रक्षालितवन्तः	प्रक्षालितवती	प्रक्षालितवत्यः
प्राप्नोति	प्राप्तवान्	प्राप्तवन्तः	प्राप्तवती	प्राप्तवत्यः
प्रेषयति	प्रेषितवान्	प्रेषितवन्तः	प्रेषितवती	प्रेषितवत्यः
मिलति	मिलितवान्	मिलितवन्तः	मिलितवती	मिलितवत्यः
रोदिति	रुदितवान्	रुदितवन्तः	रुदितवती	रुदितवत्यः
लिखति	लिखितवान्	लिखितवन्तः	लिखितवती	लिखितवत्यः
वक्ति	उक्तवान्	उक्तवन्तः	उक्तवती	उक्तवत्यः
वसति	उषितवान्	उषितवन्तः	उषितवती	उषितवत्यः
शक्नोति	शक्तवान्	शक्तवन्तः	शक्तवती	शक्तवत्यः
श्रृणोति	श्रुतवान्	श्रुतवन्तः	श्रुतवती	श्रुतवत्यः
सूचयति	सूचितवान्	सूचितवन्तः	सूचितवती	सूचितवत्यः
स्थापयति	स्थापितवान्	स्थापितवन्तः	स्थापितवती	स्थापितवत्यः
स्मरति	स्मृतवान्	स्मृतवन्तः	स्मृतवती	स्मृतवत्यः
स्वीकरोति	स्वीकृतवान्	स्वीकृतवन्तः	स्वीकृतवती	स्वीकृतवत्यः
हसति	हसितवान्	हसितवन्तः	हसितवती	हसितवत्यः

संभाषणम्

अमितः - भोः सुरेश, कथम् अस्ति भवान्?

सुरेशः - अहं सम्यक् अस्मि । भवान् कथम्?

अमितः - ह्यः सायं कुत्र गतवान् भवान्?

सुरेशः - ह्यः अहं मित्रैः सह भोजनालयं गतवान् ।

अमितः - लता आगतवती किम्?

सुरेशः - लता न आगतवती । अहं लतां पृष्टवान् । तस्याः
गृहाभ्यासः आसीत् ।

अमितः - भोजनालये भवन्तः किं खादितवन्तः?

सुरेशः - तत्र वयं रोटिकाः खादितवन्तः । रमेशः तक्रं पीतवान् ।
गणेशः पायसं पीतवान् । सुमा किञ्चित् खाद्यं गृहं नीतवती ।

अमितः - भोजनस्य धनं कः दत्तवान्?

सुरेशः - भोजनस्य अहम् अशीतिरूप्यकाणि दत्तवान् ।

अमितः - अनन्तरं भवन्तः किं कृतवन्तः?

सुरेशः - अनन्तरम् उपवने उपविष्टवन्तः ।

अमितः - उपवनतः कुत्र गतवन्तः?

सुरेशः - उपवनतः वयं विपणिं गतवन्तः ।

अमितः - विपण्यां किं क्रीतवन्तः?

सुरेशः - तत्र गणेशः युतकानि क्रीतवान् । सुमा पुष्पाणि क्रीतवती ।

अमितः - अनन्तरं किं कृतवन्तः?

सुरेशः - ततः वयं गृहं प्राप्तवन्तः ।

अभ्यासः

रेखाङ्कितपदानि भूतकालरूपे परिवर्तनं करोतु । Convert the underlined words to past tense.

एकः काकः <u>अस्ति</u> । तस्य बहु दाहः <u>भवति</u> । सः जलम् <u>इच्छति</u> । सः घटस्य समीपे <u>आगच्छति</u> । सः घटे किञ्चित् जलं <u>पश्यति</u> । काकः एकम् उपायं <u>चिन्तयति</u> । सः शिलाखण्डान् <u>आनयति</u> । सः शिलाखण्डान् घटे <u>स्थापयति</u> । सः जलं <u>प्राप्नोति</u> । काकः जलं <u>पिबति</u> ।

अधोलिखितवाक्यानां भूतकाले परिवर्तनं करोतु । Convert to the past tense.

१. गायकः गीतं गायति ।

२. बालिका संगीतं शृणोति ।

३. सर्वत्र वृष्टिः भवति ।

४. हरिणः वत्सम् आह्वयति ।

५. सिंहः वने उपविशति ।

६. नर्तकी मन्दिरं प्रविशति ।

७. छात्रः पुस्तकं पठति ।

८. भवान् कार्यालयं गच्छति किम्?

९. भवती भोजनं पचति किम्?

१०. अहं प्रश्नं पृच्छामि ।

११. वयं फलानि खादामः ।

१२. सः ग्रन्थालयतः आगच्छति ।

१३. ते नगरे वसन्ति ।

42. भूतकाले स्म Past Continuous

अशोकः – लते, ह्यः चक्रयाने भवतीम् अहं दृष्टवान् । भवती कुत्र
गच्छति स्म?

लता – अशोक, ह्यः अहं प्राणिसंग्रहालयं गतवती ।

अशोकः – लते, भवती तत्र किं दृष्टवती?

लता – तत्र पशवः आसन् । एकः गजः मन्दं चलति स्म । सः
इक्षुदण्डं खादति स्म । वानराः वृक्षेषु क्रीडन्ति स्म ।

अशोकः – तत्र सिंहः आसीत् किम्?

लता – तत्र सिंहः आसीत् । सः उच्चैः गर्जति स्म । न केवलं सिंहः ।
तत्र हरिणाः आसन् । उष्ट्राः अपि आसन् ।

अशोकः – हरिणाः किं कुर्वन्ति स्म? उष्ट्राः किं कुर्वन्ति स्म?

लता – हरिणाः तृणं खादन्ति स्म । उष्ट्राः जलं पिबन्ति स्म ।

अशोकः – किं खगान् दृष्टवती तत्र? ते किं कुर्वन्ति स्म?

लता – आम्, तत्र खगान् दृष्टवती । ते वृक्षाणां शाखासु कूजन्ति स्म ।

अशोकः – किं तत्र जलचराः अपि आसन्?

लता – आम्, तत्र जलचराः अपि आसन् । कूर्माः जलाशये विहरन्ति
स्म । मकराः जलाशयस्य तीरे निद्रां कुर्वन्ति स्म ।

अशोकः – सुन्दरम् । अहं श्वः तत्र गच्छामि ।

अभ्यासः

"स्म" उपयुज्य भूतकाले पञ्च वाक्यानि लिखतु ।

43. क्रियापदानि-भविष्यत्-कालः Future Tense

वर्तमानकालः	भविष्यत्-कालः
अद्य विरामदिनम् अस्ति । Today is holiday.	श्वः विरामदिनम् भविष्यति । Tomorrow will be holiday.
सेवकाः भवने सन्ति ।	सेवकाः भवने भविष्यन्ति ।
अद्य अहं गृहे अस्मि ।	श्वः अहं गृहे भविष्यामि ।
अद्य वयं क्रीडाङ्गणे स्मः ।	श्वः वयं क्रीडाङ्गणे भविष्यामः ।
अद्य राष्ट्रोत्सवः भवति ।	श्वः राष्ट्रोत्सवः भविष्यति ।
कार्यक्रमे गीतानि भवन्ति ।	कार्यक्रमे गीतानि भविष्यन्ति ।
भवान् विद्यालयं गच्छति ।	भवान् विद्यालयं गमिष्यति ।
भवती पुस्तकं पठति ।	भवती पुस्तकं पठिष्यति ।
बालिकाः भोजनं खादन्ति ।	बालिकाः भोजनं खादिष्यन्ति ।

भविष्यत्-कालरूपाणि कोष्ठकः

	भविष्यत्-कालरूपाणि			
	सः/सा/अन्यः	ते/ताः/अन्ये	अहम्	वयम्
वर्तमानकालः	एकवचनम्	बहुवचनम्	एकवचनम्	बहुवचनम्
अस्ति	भविष्यति	भविष्यन्ति	भविष्यामि	भविष्यामः
आनयति	आनेष्यति	आनेष्यन्ति	आनेष्यामि	आनेष्यामः
आह्वयति	आह्वास्यति	आह्वास्यन्ति	आह्वास्यामि	आह्वास्यामः
इच्छति	एषिष्यति	एषिष्यन्ति	एषिष्यामि	एषिष्यामः

उत्तिष्ठति	उत्थास्यति	उत्थास्यन्ति	उत्थास्यामि	उत्थास्यामः
उपविशति	उपवेक्ष्यति	उपवेक्ष्यन्ति	उपवेक्ष्यामि	उपवेक्ष्यामः
करोति	करिष्यति	करिष्यन्ति	करिष्यामि	करिष्यामः
क्रीडति	क्रीडिष्यति	क्रीडिष्यन्ति	क्रीडिष्यामि	क्रीडिष्यामः
क्रीणाति	क्रेष्यति	क्रेष्यन्ति	क्रेष्यामि	क्रेष्यामः
खादति	खादिष्यति	खादिष्यन्ति	खादिष्यामि	खादिष्यामः
गच्छति	गमिष्यति	गमिष्यन्ति	गमिष्यामि	गमिष्यामः
गायति	गास्यति	गास्यन्ति	गास्यामि	गास्यामः
जानाति	ज्ञास्यति	ज्ञास्यन्ति	ज्ञास्यामि	ज्ञास्यामः
तिष्ठति	स्थास्यति	स्थास्यन्ति	स्थास्यामि	स्थास्यामः
त्यजति	त्यक्ष्यति	त्यक्ष्यन्ति	त्यक्ष्यामि	त्यक्ष्यामः
ददाति	दास्यति	दास्यन्ति	दास्यामि	दास्यामः
धावति	धाविष्यति	धाविष्यन्ति	धाविष्यामि	धाविष्यामः
नयति	नेष्यति	नेष्यन्ति	नेष्यामि	नेष्यामः
नृत्यति	नर्तिष्यति	नर्तिष्यन्ति	नर्तिष्यामि	नर्तिष्यामः
पचति	पक्ष्यति	पक्ष्यन्ति	पक्ष्यामि	पक्ष्यामः
पठति	पठिष्यति	पठिष्यन्ति	पठिष्यामि	पठिष्यामः
पतति	पतिष्यति	पतिष्यन्ति	पतिष्यामि	पतिष्यामः

पश्यति	द्रक्ष्यति	द्रक्ष्यन्ति	द्रक्ष्यामि	द्रक्ष्यामः
पिबति	पास्यति	पास्यन्ति	पास्यामि	पास्यामः
पूजयति	पूजयिष्यति	पूजयिष्यन्ति	पूजयिष्यामि	पूजयिष्यामः
पृच्छति	प्रक्ष्यति	प्रक्ष्यन्ति	प्रक्ष्यामि	प्रक्ष्यामः
प्राप्नोति	प्राप्स्यति	प्राप्स्यन्ति	प्राप्स्यामि	प्राप्स्यामः
प्रेषयति	प्रेषयिष्यति	प्रेषयिष्यन्ति	प्रेषयिष्यामि	प्रेषयिष्यामः
भवति	भविष्यति	भविष्यन्ति	भविष्यामि	भविष्यामः
मिलति	मेलिष्यति	मेलिष्यन्ति	मेलिष्यामि	मेलिष्यामः
यच्छति	दास्यति	दास्यन्ति	दास्यामि	दास्यामः
रोदिति	रोदिष्यति	रोदिष्यन्ति	रोदिष्यामि	रोदिष्यामः
लिखति	लेखिष्यति	लेखिष्यन्ति	लेखिष्यामि	लेखिष्यामः
वदति	वदिष्यति	वदिष्यन्ति	वदिष्यामि	वदिष्यामः
वसति	वत्स्यति	वत्स्यन्ति	वत्स्यामि	वत्स्यामः
शक्नोति	शक्ष्यति	शक्ष्यन्ति	शक्ष्यामि	शक्ष्यामः
शृणोति	श्रोष्यति	श्रोष्यन्ति	श्रोष्यामि	श्रोष्यामः
स्थापयति	स्थापयिष्यति	स्थापयिष्यन्ति	स्थापयिष्यामि	स्थापयिष्यामः
स्मरति	स्मरिष्यति	स्मरिष्यन्ति	स्मरिष्यामि	स्मरिष्यामः
हसति	हसिष्यति	हसिष्यन्ति	हसिष्यामि	हसिष्यामः

अभ्यासः

रेखाङ्कितपदानां भविष्यत्कालरूपाणि लिखतु । Write the underlined words in future tense form.

सुमा – रमे, भवत्याः संगीतकार्यक्रमः कदा <u>भवति</u>?

रमा – मम कार्यक्रमः शुक्रवासरे <u>अस्ति</u> ।

सुमा – तदा वीणावादनं कः <u>करोति</u>?

रमा –अमरः वीणां <u>वादयति</u> ।

सुमा – महेशः कार्यक्रमे <u>नृत्यति</u> किम्?

रमा – न, महेशः कार्यक्रमे <u>गायति</u> ।

सुमा – भवत्या सह के <u>आगच्छन्ति</u>?

रमा – मम मातामहः <u>आगच्छति</u> । मातामही अनन्तरं <u>सूचयति</u> ।

सुमा – अहं मम पुत्रम् अपि <u>आनयामि</u> ।

रमा – अस्तु । वयं कार्यक्रमे <u>मिलामः</u> ।

भविष्यत्कालरूपाणि लिखतु । Write future tense forms.

अहं गतवान् ।	___
वयं दृष्टवन्तः ।	___
सः लिखति ।	___
सा क्रीडति ।	___
वानरः खादति ।	___
सिंहः गर्जति ।	___
जनाः वदन्ति ।	___

44. त्त्वान्त-रूपाणि Action before

बालकः भोजनं खादति । Boy eats food.	अनन्तरम् Afterwards	बालकः निद्राति । Boy sleeps.
बालकः भोजनं खादित्वा निद्राति । After eating food, the boy sleeps.		
छात्रा स्यूतं गृह्णाति ।	अनन्तरम्	छात्रा विद्यालयं गच्छति ।
छात्रा स्यूतं गृहीत्वा विद्यालयं गच्छति ।		
अर्चकः स्नाति ।	अनन्तरम्	अर्चकः पूजयति ।
अर्चकः स्नात्वा पूजयति ।		
मृगः व्याघ्रं पश्यति ।	अनन्तरम्	मृगः धावति ।
मृगः व्याघ्रं दृष्ट्वा धावति ।		
मित्राणि गृहं गच्छन्ति ।	अनन्तरम्	मित्राणि क्रीडन्ति ।
मित्राणि गृहं गत्वा क्रीडन्ति ।		
भवन्तः कथां शृण्वन्ति।	अनन्तरम्	भवन्तः हसन्ति ।
भवन्तः कथां श्रुत्वा हसन्ति ।		
अम्बा अन्नं खादितवती।	अनन्तरम्	अम्बा कार्यालयं गतवती ।
अम्बा अन्नं खादित्वा कार्यालयं गतवती ।		
अश्वः धाविष्यति ।	अनन्तरम्	अश्वः जलं पास्यति ।
अश्वः धावित्वा जलं पास्यति ।		
बालिकाः नर्तिष्यन्ति ।	अनन्तरम्	बालिकाः गास्यन्ति ।
बालिकाः नर्तित्वा गास्यन्ति ।		

45. ल्यबन्त-रूपाणि Action before-2

बालकः मित्रम् आह्वयति । Boy calls friend.	अनन्तरम् Then	बालकः क्रीडति । Boy plays.
बालकः मित्रम् आहूय क्रीडति । Boy plays after calling friend.		
ग्राहकः आपणं प्राप्नोति ।	अनन्तरम्	ग्राहकः पुस्तकं क्रीणाति ।
ग्राहकः आपणं प्राप्य पुस्तकं क्रीणाति ।		
छात्रः आसने उपविशति ।	अनन्तरम्	छात्रः पुस्तकं पठति ।
छात्रः आसने उपविश्य पठति ।		
बालिकाः उत्तिष्ठन्ति ।	अनन्तरम्	बालिकाः देवं पूजयन्ति ।
बालिकाः उत्थाय देवं पूजयन्ति ।		
भवान् लेखनीम् आनयति।	अनन्तरम्	भवान् लिखति ।
भवान् लेखनीम् आनीय लिखति ।		
आपणिकः धनं स्वीकरोति ।	अनन्तरम्	आपणिकः आभरणं ददाति।
आपणिकः धनं स्वीकृत्य आभरणं ददाति ।		
अम्बा विचिन्तयति।	अनन्तरम्	अम्बा भोजनं खादति ।
अम्बा विचिन्त्य भोजनं खादति ।		
नौका तीरम् आगच्छति ।	अनन्तरम्	नौका गच्छति ।
नौका तीरम् आगत्य गच्छति ।		
सः धनं प्रदत्तवान् ।	अनन्तरम्	सः गृहं गतवान् ।
सः धनं प्रदाय गृहं गतवान् ।		

अभ्यासः

त्त्वान्तरूपं ल्यबन्तरूपं वा उपयुज्य एतानि वाक्यानि लिखतु ।

Write these sentences using क्त्वान्त or ल्यबन्त forms.

१. अहं चित्रमन्दिरं गच्छामि । अहं चित्रं पश्यामि ।

२. भवान् आसने उपविशति । भवान् दुग्धं पिबति ।

३. भवती हस्तं क्षालयति । भवती भोजनं करोति ।

४. सः वाहनं चालयति । सः आपणं गच्छति ।

५. हरिणः वत्सम् आह्वयति । हरिणः तृणं खादति ।

६. जया गीतं गायति । जया नृत्यति ।

७. अशोकः प्रकोष्ठं संमार्जयति । अशोकः स्नाति ।

८. छात्रः पुस्तकं पश्यति । छात्रः उत्तरं लिखति ।

९. छात्रा प्रश्नं पृच्छति । छात्रा उत्तरं लिखति ।

१०. रामः वाहनं स्थापयति । रामः अन्तः आगच्छति ।

११. गिरीशः गृहात् निर्गच्छति । गिरीशः क्रीडाङ्गणं प्राप्नोति ।

१२. मालती आपणं प्राप्तवती । मालती शाकं क्रीतवती ।

१३. नरेन्द्रः शाकं क्रीतवान् । नरेन्द्रः गृहं गतवान् ।

१४. महेशः प्रातः उत्थास्यति । महेशः धाविष्यति ।

१५. नीला नर्तिष्यति । नीला गृहम् आगमिष्यति ।

१६. जनाः देवं पूजयन्ति । जनाः भोजनं कुर्वन्ति ।

१७. भवन्तः द्वारे तिष्ठन्ति । भवन्तः शब्दं कुर्वन्ति ।

१८. वानराः धावन्ति। वानराः क्रीडन्ति ।

१९. वयं भवन्तं सूचयामः । वयं गृहम् आगच्छामः ।

46. तुमुन्नन्त-रूपाणि Action after

मित्रम् आगच्छति । Friend comes.	किमर्थम्? What for?	मित्रं मया सह मिलति । Friend meets with me.
मित्रं मया सह मेलितुम् आगच्छति । Friend comes to meet with me.		
छात्रा स्यूतं गृह्णाति ।	किमर्थम्?	छात्रा विद्यालयं गच्छति ।
छात्रा विद्यालयं गन्तुं स्यूतं गृह्णाति ।		
अर्चकः नदीं गच्छति ।	किमर्थम्?	अर्चकः स्नाति ।
अर्चकः स्नातुं नदीं गच्छति ।		
व्याघ्रः मृगं मारयति ।	किमर्थम्?	व्याघ्रः मृगं खादति ।
व्याघ्रः खादितुं मृगं मारयति ।		
मित्राणि गृहं गच्छन्ति ।	किमर्थम्?	मित्राणि क्रीडन्ति ।
मित्राणि क्रीडितुं गृहं गच्छन्ति ।		
भवन्तः कथां शृण्वन्ति।	किमर्थम्?	भवन्तः हसन्ति ।
भवन्तः हसितुं कथां शृण्वन्ति ।		
छात्रः प्रश्नं पृष्टवान्।	किमर्थम्?	छात्रः उत्तरं ज्ञातवान् ।
छात्रः उत्तरं ज्ञातुं प्रश्नं पृष्टवान् ।		
अश्वः धाविष्यति ।	किमर्थम्?	अश्वः जलं पास्यति ।
अश्वः जलं पातुं धाविष्यति ।		
बालिकाः नर्तिष्यन्ति ।	किमर्थम्?	बालिकाः सन्तोषं प्राप्स्यन्ति ।
बालिकाः सन्तोषं प्राप्तुं नर्तिष्यन्ति ।		

अभ्यासः

तुमुन्नन्तरूपं उपयुज्य एतानि वाक्यानि लिखतु । Write the sentences using तुमुन्नन्त forms.

१. अहं चित्रमन्दिरं गच्छामि । अहं चित्रं पश्यामि ।

२. भवान् आसने उपविशति । भवान् दुग्धं पिबति ।

३. भवती हस्तं क्षालयति । भवती भोजनं करोति ।

४. सः युतकं धरति । सः आपणं गच्छति ।

५. हरिणः वत्सम् आह्वयति । धेनुः तृणं खादति ।

६. जया बहिः गच्छति । जया नृत्यति ।

७. अशोकः फेनकम् आनयति । अशोकः स्नाति ।

८. हरिः पुस्तकं पश्यति । हरिः उत्तरं लिखति ।

९. छात्रा प्रश्नं पृच्छति । छात्रा उत्तरं लिखति ।

१०. रामः वाहनं स्थापयति । रामः अन्तः आगच्छति ।

११. गिरीशः गृहात् निर्गच्छति । गिरीशः क्रीडाङ्गणं प्राप्नोति ।

१२. मालती आपणं प्राप्तवती । मालती शाकं क्रीतवती ।

१३. नरेन्द्रः धनं दत्तवान् । नरेन्द्रः शाकं क्रीतवान् ।

१४. सुरेशः प्रातः उत्थास्यति । सुरेशः धाविष्यति ।

१५. समीरः वाहने उपविशति । समीरः कार्यालयं गच्छति ।

१६. जनाः देवालयं गच्छन्ति । जनाः देवं पूजयन्ति ।

१७. भवन्तः द्वारे तिष्ठन्ति । भवन्तः शब्दं कुर्वन्ति ।

१८. वानराः धावन्ति । वानराः क्रीडन्ति ।

१९. अहं भोजनालयं गच्छामि । अहं भोजनं खादामि ।

त्वा/ल्यप्/तुम्-रूपाणि कोष्ठकः

वर्तमानकालः	त्त्वान्त/ल्यबन्त-रूपम्	तुमुन्नन्त-रूपम्
अस्ति	भूत्वा	भवितुम्
इच्छति	इष्ट्वा	एषितुम्
करोति	कृत्वा	कर्तुम्
क्रीडति	क्रीडित्वा	क्रीडितुम्
क्रीणाति	क्रीत्वा	क्रेतुम्
खादति	खादित्वा	खादितुम्
गच्छति	गत्वा	गन्तुम्
गायति	गीत्वा	गातुम्
चलति	चलित्वा	चलितुम्
जानाति	ज्ञात्वा	ज्ञातुम्
तर्जति	तर्जित्वा	तर्जितुम्
तिष्ठति	स्थित्वा	स्थातुम्
त्यजति	त्यक्त्वा	त्यक्तुम्
ददाति	दत्वा	दातुम्
धावति	धावित्वा	धावितुम्
नयति	नीत्वा	नेतुम्

नृत्यति	नर्तित्वा	नर्तितुम्
पचति	पक्त्वा	पक्तुम्
पठति	पठित्वा	पठितुम्
पतति	पतित्वा	पतितुम्
पश्यति	दृष्ट्वा	द्रष्टुम्
पिबति	पीत्वा	पातुम्
पूजयति	पूजयित्वा	पूजयितुम्
पृच्छति	पृष्ट्वा	प्रष्टुम्
प्रेषयति	प्रेषयित्वा	प्रेषयितुम्
भवति	भूत्वा	भवितुम्
मिलति	मिलित्वा	मेलितुम्
रोदिति	रुदित्वा	रोदितुम्
लिखति	लिखित्वा	लेखितुम्
वक्ति	उक्त्वा	वक्तुम्
वसति	उषित्वा	वस्तुम्
विशति	विष्ट्वा	वेष्टुम्
शक्नोति	शक्त्वा	शक्तुम्
शृणोति	श्रुत्वा	श्रोतुम्

सूचयति	सूचयित्वा	सूचयितुम्
स्थापयति	स्थापयित्वा	स्थापयितुम्
स्मरति	स्मृत्वा	स्मर्तुम्
हसति	हसित्वा	हसितुम्
आनयति	आनीय	आनेतुम्
आह्वयति	आहूय	आह्वातुम्
उत्तिष्ठति	उत्थाय	उत्थातुम्
उपविशति	उपविश्य	उपवेष्टुम्
प्रक्षालयति	प्रक्षाल्य	प्रक्षालयितुम्
प्राप्नोति	प्राप्य	प्राप्तुम्
स्वीकरोति	स्वीकृत्य	स्वीकर्तुम्

47. अद्यतन, श्वस्तन, ह्यस्तन Today's...

१. अद्यतनकार्यं गृहे भवति । Today's work will happen at home.

२. अद्यतनजनाः किं कुर्वन्ति?

३. श्वस्तनप्रवासः कुत्र भविष्यति? Where will tomorrow's travel happen?

४. श्वस्तनक्रीडा केन सह भविष्यति?

५. ह्यस्तनभोजनं कथम् आसीत्? How was yesterday's food?

६. ह्यस्तनदिनम् उत्तमम् आसीत् ।

संभाषणम्

शिक्षिका - लते, भवती दूरदर्शने अद्यतनकार्यक्रमं दृष्टवती किम्?

लता - क्षम्यताम्। न दृष्टवती । अद्यतनकार्यक्रमे कः विषयः आसीत्?

शिक्षिका - अद्यतनकार्यक्रमे विज्ञानविषयः आसीत् ।

लता - ह्यस्तनकार्यक्रमः गणितविषये आसीत्। श्वः विज्ञानविषये पुनः कार्यक्रमः भविष्यति किम्?

शिक्षिका - न, श्वस्तनकार्यक्रमः भूगोलविषये भविष्यति ।

लता - अद्यतनकार्यक्रमं कथम् अहं द्रष्टुं शक्नोमि?

शिक्षिका-चिन्ता मास्तु ।अद्यतनकार्यक्रमस्य ध्वनिमुद्रणम् अहं प्रेषयामि ।

क्षम्यताम् Forgive	चिन्ता मास्तु Don't worry

अभ्यासः

अद्यतन, श्वस्तन, ह्यस्तन, अद्य, श्वः, ह्यः उपयुज्य रिक्तस्थानानि पूरयतु ।

मालती - सुमे, भवती _____संस्कृतवर्गं गच्छति किम्?

सुमा - आम्, _____वर्गम् अहं गच्छामि। भवती न आगच्छति किम्?

मालती - अहं ___ वर्गं आगन्तुं न शक्नोमि। मम गृहे कार्यम् अस्ति।

सुमा - भवती _____वर्गम् अपि न आगतवती ।

मालती - क्षम्यताम्, ___ मम शिरोवेदना आसीत् ।

सुमा - _____वर्गम् आगमिष्यति किम्?

मालती - आम्, ___ वर्गम् आगमिष्यामि । भवती _____गृहाभ्यासं मह्यं प्रेषयतु । _____गृहाभ्यासम् अपि प्रेषयतु ।

सुमा - चिन्ता मास्तु, प्रेषयामि । ___ वर्गे भवत्या सह मेलिष्यामि ।

48. च, एव, इति, तु And, only...

महेशः - मित्र समीर, श्वः वयं मित्राणि मिलित्वा समुद्रतीरं गमिष्यामः ।

समीरः - अस्तु । समुद्रतीरं गत्वा किं कर्तुम् इच्छति भवान्?

महेशः - तत्र गत्वा नौकाविहारं करिष्यामः । कन्दुकेन क्रीडामः ।

समीरः - अस्तु । के आगन्तुम् इच्छन्ति इति इदानीं पृच्छामि ।

महेशः - आम् । पृच्छतु कृपया ।

समीरः - अहं रामम् अशोकं विवेकं लतां च पृष्टवान् ।

महेशः - किम् उक्तवन्तः ते?

समीरः - रामः अशोकः लता च आगन्तुं शक्नुवन्ति इति उक्तवन्तः ।

महेशः - विवेकः किमर्थं न आगन्तुं शक्नोति?

समीरः - तस्य संस्कृतवर्गः अस्ति इति विवेकः सूचितवान् ।

महेशः - नास्ति चिन्ता । वयं पञ्च जनाः एव गमिष्यामः ।

समीरः - श्वः भवान् तत्र कदा प्राप्तुम् इच्छति?

महेशः - श्वः प्रातः अष्टवादने एव गमिष्यामः । अनन्तरं तु आतपः
भविष्यति ।

समीरः - सम्यक् । अहं तु नववादने आगमिष्यामि ।

महेशः - भोः, किमर्थं विलम्बः?

समीरः - प्रातः मम गृहे कार्यम् अस्ति ।

महेशः - चिन्ता नास्ति । वयं तु तत्र अष्टवादने गमिष्यामः । भवान्
अपि शीघ्रम् एव आगच्छतु ।

अभ्यासः

च, एव, अपि, इति, तु, सम्यक् पदानि उपयुज्य वाक्यानि पूरयतु ।

Complete the sentences using च, एव, अपि, इति, तु, सम्यक्

१. अशोकः अद्य पुस्तकं लेखनीं _____ आनयति ।

२. रमेशः कदा आगच्छति _____ श्वः सूचयिष्यति ।

३. भोजनं _____ अस्ति ।

४. शिक्षकः सप्तवादने _____ आगतवान् ।

५. अहं _____ तत् पुस्तकं पठितवान् ।

६. वने मृगाः खगाः _____ वसन्ति ।

७. अहं तत् चित्रं दृष्टवती । भवती _____ तत् चित्रं पश्यतु ।

८. बालकाः बालिकाः _____ विद्यालये पठन्ति ।

९. श्वः किं भविष्यति _____ न जानामि ।

१०. श्वः _____ वृष्टिः भविष्यति ।

११. भवत्याः गानं _____ अस्ति ।

१२. पुत्रः सूर्यं चन्द्रं _____ नमति ।

१३. अहं _____ संस्कृतभाषया _____ वदामि ।

१४. रविः कथं खेलति _____ रमेशः _____ जानाति ।

१५. भवान् ह्यः _____ प्रश्नं पृष्टवान् ।

१६. सूर्यः _____ दिने भवति ।

१७. मम गृहस्य पुरतः _____ वृक्षः अस्ति । भवतः गृहस्य पुरतः _____ आपणः अस्ति ।

१८. ग्रन्थालयः कुत्र अस्ति _____ कृपया वदतु ।

49. विरुद्धार्थकाः, अपेक्षया Opposites, than

	विन्ध्यपर्वतस्य अपेक्षया हिमालयः उन्नतः । Compared to vindhya mountain, himAlaya is tall. हिमालयस्य अपेक्षया विन्ध्यपर्वतः वामनः । Compared to himAlaya, vindhya mountain is short.
	मापिकायाः अपेक्षया लेखनी ह्रस्वा । लेखन्याः अपेक्षया मापिका दीर्घा ।
	उमा लतायाः अपेक्षया उन्नता । लता उमायाः अपेक्षया वामना ।
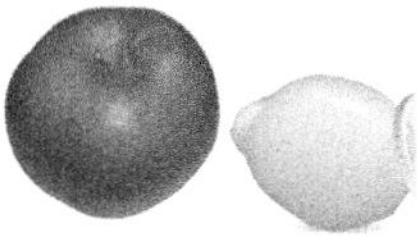	सेवफलस्य अपेक्षया द्राक्षाफलं लघु । द्राक्षाफलस्य अपेक्षया सेवफलं बृहत् ।
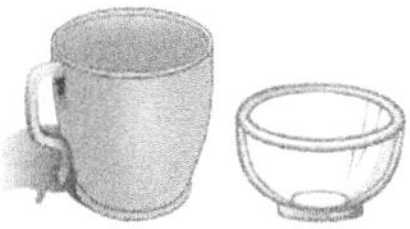	चषके अधिकं जलम् अस्ति । द्रोण्याम् अल्पं जलम् अस्ति ।

अभ्यासः

अधोलिखितानि पदानि उपयुज्य "अपेक्षया" वाक्यानि लिखतु । Using the words below, form the अपेक्षया sentences.

उष्णम्, शीतम्, शुष्कम्, आर्द्रम्, पुरातनम्, नूतनम्, सुलभम्, कठिनम्
स्वच्छम्, मलिनम्, कृशः, स्थूलः, दृढम्, शिथिलम्

सुभाषितम्

विद्या ददाति विनयं विनयाद् याति पात्रताम् ।
पात्रत्वाद् धनम् आप्नोति धनाद् धर्मं ततः सुखम् ॥

50. द्वयं प्रयोगः Use of द्वयम्

	एकः पुरुषः अस्ति There is one man.		पुरुषद्वयम् अस्ति Couple of men are there.
	एका बालिका अस्ति		बालिकाद्वयम् अस्ति
	एकं फलम् अस्ति		फलद्वयम् अस्ति

अभ्यासः

यथोदाहरणं वाक्यानि लिखतु । Write the sentences per the example.

एकः पुत्रः अस्ति	पुत्रद्वयम् अस्ति
एकः पर्वतः अस्ति	
एकः वृक्षः अस्ति	
एका महिला अस्ति	
एकः कन्दुकः अस्ति	
एकं पुस्तकम् अस्ति	
एका लेखनी अस्ति	
एका अङ्कनी अस्ति	
एकम् ऊरुकम् अस्ति	
एकः मार्जारः अस्ति	
एकं युतकम् अस्ति	
एका दूरवाणी अस्ति	

51. यत्र, तत्र Where...there

१. यत्र सूर्यः भवति तत्र दिनं भवति । Where there is sun, there day happens.

२. यत्र चन्द्रः भवति तत्र रात्रिः भवति ।

३. यत्र दुर्जनाः सन्ति तत्र सज्जनाः न भवन्ति ।

४. यत्र इच्छा भवति तत्र मार्गः भवति ।

५. यत्र भवान् गच्छति तत्र अहम् आगच्छामि ।

६. यत्र आरक्षकः गच्छति तत्र तस्य शुनकः गच्छति ।

७. यत्र मित्रता भवति तत्र सुखं भवति ।

८. यत्र भवती गायति तत्र जनाः आगच्छन्ति ।

९. यत्र मत्स्यः भवति तत्र धीवरः गच्छति ।

१०. यत्र सरोवरः अस्ति तत्र बकाः वसन्ति ।

११. यत्र हिमपातः अभवत् तत्र अहं न गतवान् ।

१२. यत्र शिक्षकः पाठितवान् तत्र छात्रः उपविष्टवान् ।

अभ्यासः

अधोलिखितानि पदानि उपयुज्य "यत्र-तत्र" वाक्यानि लिखतु । Write the sentences with the words:

परिश्रमः, दीपः, उष्णम्, मित्रम्, वृक्षः, शीतम्, सुखम्, फलम्, छाया, प्रकाशः

पदानि योजयतु । Match the columns.

यत्र नगरम् अस्ति	तत्र चोराः न गच्छन्ति ।
यत्र आशा अस्ति	तत्र जनाः भवन्ति ।
यत्र नदी अस्ति	तत्र दुःखं भवति ।
यत्र धनं नास्ति	तत्र मत्स्याः भवन्ति ।

52. यदा, तदा When...then

१. यदा सूर्यः भवति तदा दिनं भवति । When there is sun, then there is day.

२. यदा लोकयानं चलति तदा शब्दः भवति ।

३. यदा अहं कार्यं करोमि तदा श्रमः भवति ।

४. यदा भवान् आगच्छति तदा सन्तोषः भवति ।

५. यदा प्रभातः भवति तदा कुक्कुटः कूजति ।

६. यदा नायकः वदति तदा जनाः श‍ृण्वन्ति ।

53. यथा, तथा How...like that

१. यथा कूर्मः चलति तथा भवान् चलति ।

   How a turtle walks, you walk like that.

२. यथा भवती गायति तथा अहं न गायामि ।

३. यथा अश्वः धावति तथा गजः न धावति ।

४. यथा रामः वदति तथा रमेशः कार्यं करोति ।

५. यथा गणेशः लिखितवान् तथा मालती न लिखितवती ।

54. यावत्, तावत् Comparison/Until

१. यावत् अशोकस्य लेखनं सुन्दरं तावत् रमेशस्य नास्ति ।

   As Ashoka's writing is beautiful, Ramesha's not that much.

२. यावत् आम्रफलं मधुरं भवति तावत् सेवफलं मधुरं न भवति ।

३. यावत् समुद्रे जलं भवति तावत् नद्यां जलं न भवति ।

४. यावत् भवती पठति तावत् अहम् अत्र तिष्ठामि ।

अभ्यासः

यदा, तदा, यथा, तथा, यावत, तावत् पदानि उपयुज्य वाक्यानि पूरयतु।

Complete the sentences using यदा, तदा, यथा, तथा, यावत, तावत्

दूरवाणी-संभाषणम् Telephone Conversation

समीरः - मित्र समीर, कथम् अस्ति भवान्? मम गृहं कदा आगच्छति?

गिरीशः - क्षम्यताम् । ___ गृहे बान्धवाः सन्ति ____ अहम् आगन्तुं न शक्नोमि।

समीरः - भवतः बान्धवाः कदा निर्गच्छन्ति?

गिरीशः - ____ सूर्यास्तः भवति ____ ते निर्गच्छन्ति ।

समीरः - ह्यः भवान् चित्रमन्दिरं गतवान् किम्?

गिरीशः - आम्, अहं चित्रमन्दिरं गतवान् । चलनचित्रं दृष्टवान् ।

समीरः - कथम् आसीत् चलनचित्रम्?

गिरीशः - ____ चिन्तितवान् ____ न आसीत् ।

समीरः - ततः भोजनालयं गतवान् किम्? महेशः आगतवान् किं तत्र?

गिरीशः - आम्, भोजनालयं गतवान् । ____ अहम् भोजनालयं प्राप्तवान् ____ तत्र महेशः न आसीत्। ____ महेशः न आगतवान् ____ अहं भोजनं न खादितवान् । ____ सः आगतवान् ____ रात्रिः अभवत् ।

समीरः - ____ वयं चिन्तयामः ____ सर्वं न भवति।

गिरीशः - अस्तु, __ बान्धवाः निर्गच्छन्ति __ पुनः भाषणं करोमि ।

समीरः - अस्तु मित्र, शुभदिनम् ।

55. यः,सः,या,सा,यत्,तत् One who...that

१. यः गायति सः गायकः । One who sings is a singer.

२. या शिक्षयति सा शिक्षिका ।

३. यः अभ्यासं करोति सः उत्तीर्णः भवति ।

४. या प्रयत्नं करोति सा फलं प्राप्नोति ।

५. या लतायाः पाठशाला सा एव उमायाः पाठशाला ।

६. मम समीपे यत् चक्रयानम् अस्ति तत् भवतः समीपे नास्ति ।

56. यद्यपि, तथापि Though...even then

१. यद्यपि गजः महाकायः तथापि सः शान्तः ।
Though elephant is big, even then he is peaceful.

२. यद्यपि अहं धावितवान् तथापि समये अहं गृहं न प्राप्तवान् ।

३. यद्यपि दीपः अस्ति तथापि प्रकाशः नास्ति ।

४. यद्यपि लता नगरम् आगतवती तथापि सा मया सह न मिलितवती ।

५. यद्यपि सज्जनः निर्धनः भवति तथापि सः परोपकारं करोति ।

57. तः, पर्यन्तम् From...till

१. सोमवासरतः बुधवासरपर्यन्तं परीक्षा भवति ।
From Monday until Wednesday, the test happens.

२. मम नगरतः देहलीनगरपर्यन्तं विमानयानं नास्ति ।

३. चतुर्वादनतः अष्टवादनपर्यन्तं क्रीडा भवति ।

४. कार्यालयतः ग्रन्थालयपर्यन्तम् अहं वाहनं चालितवान् ।

अभ्यासः

यत्, तत्, यद्यपि, तथापि, तः, पर्यन्तम् पदानि उपयुज्य वाक्यानि पूरयतु ।
Using यत्, तत्, यद्यपि, तथापि, तः, पर्यन्तम् fill in the blanks.

उमा – लते, भवत्याः विदेशप्रवासः कथम् अभवत्?

लता – बहु सम्यक् अभवत् । इटलीदेश_ ब्रिटनदेश__ सर्वं दृष्टवती ।

उमा – इटलीदेशं कथं प्राप्तवती?

लता – इटलीदेशं विमानेन प्राप्तवती । तत्र रोमनगरं ___ पुरातनं ___
बहु सुन्दरम् अस्ति ।

उमा – अनन्तरं किं दृष्टवती?

लता – अनन्तरं फ्रान्सदेशं गतवती । फ्रान्सदेशस्य विषये जनाः ___
वदन्ति ___ सत्यम् अस्ति । तत्र प्यारिसनगरम् अत्यन्तं रमणीयम्
अस्ति ।

उमा – ततः कुत्र गतवती?

लता – ततः लण्डननगरं प्राप्तवती । प्यारिसनगर__ लण्डननगर___
लोहपथी चलति ।

उमा – लण्डननगरं कथम् आसीत्? ___ राजभवनं प्रसिद्धं ___ दृष्टवती
किम्?

लता – तत्र राजभवनं दृष्टवती । ___ ग्रीष्मकालः आसीत् ___ तत्र
शैत्यम् आसीत् । लण्डननगर__ भारत___ विमानयानं चलति ।
तेन देहलीनगरं पुनः आगतवती ।

| बहु a lot | अत्यन्तम् very much | पुनः again |

58. गत, आगामि Last, Coming

१. **गतसप्ताहे** वर्गः अभवत् । **आगामिसप्ताहे** वर्गः पुनः भविष्यति ।

Last week, the class happened. Coming week, the class will happen again.

२. **गतमासे** भवती धनं दत्तवती । **आगामिमासे** किं दास्यति?

३. **गतवत्सरे** विदेशं गतवन्तः । **आगामिवत्सरे** कुत्र गमिष्यामः?

४. **गतकालस्य** चिन्ता मास्तु । **आगामिकालस्य** चिन्तनं भवतु ।

59. वा Or

१. अद्य वृष्टिः हिमपातः वा भवति ।

Today, rain or snowfall will happen.

२. पेटिकायां वस्त्रं वा धनं वा अस्ति ।

३. श्वः मम पुत्री गानं नर्तनं वा करिष्यति ।

४. अशोकस्य गृहे शुनकः मार्जारः वा अस्ति ।

५. भवान् चतुर्वादने पञ्चवादने वा आगच्छतु ।

60. परन्तु,किल,प्रायेण,निश्चयेन But, probably

रमा – उमे, भवती अद्य कार्यालयम् आगच्छति किल?

उमा – रमे, अद्य अहं प्रायेण कार्यालयं न आगच्छामि ।

रमा – भवती किमर्थम् एवं वदति?

उमा – मम आरोग्यं तावत् सम्यक् नास्ति । परन्तु चिन्ता नास्ति ।

रमा – वैद्यम् निश्चयेन पश्यतु ।

उमा – तत् न आवश्यकम् । श्वः निश्चयेन कार्यालयम् आगमिष्यामि ।

<h1 style="text-align:center">अभ्यासः</h1>

गत, आगामि, परन्तु, किल, प्रायेण, निश्चयेन, वा पदानि उपयुज्य वाक्यानि पूरयतु ।

Fill in the blanks using गत, आगामि, परन्तु, किल, प्रायेण, निश्चयेन, वा

अशोकः - मालति, ___मासे एकं विरामदिनम् आसीत् । पुनः विरामदिनं कदा भविष्यति?

मालती - अशोक, पुनः विरामदिनं ___ सप्ताहे भविष्यति ।

अशोकः - ___विरामकाले भवती मातामहीं द्रष्टुं गतवती । ___विरामकाले कुत्र गमिष्यति?

मालती - ___विरामकाले अहं चेन्नैनगरं गमिष्यामि ।

अशोकः - चेन्नैनगरे भवत्याः पुत्री वसति ___?

मालती - मम पुत्री तत्र वसति स्म । ___ इदानीं न ।

अशोकः - भवत्याः किं कार्यं तत्र?

मालती - तत्र ___सप्ताहे चित्रप्रदर्शिनी भविष्यति ।

अशोकः - भवत्या सह कः गमिष्यति?

मालती - मया सह ___ मम पुत्रः भगिनी ___ गमिष्यति ।

अशोकः - ___ आगामिसप्ताहे भवत्याः पुत्रस्य संगीतकार्यक्रमः भविष्यति ___?

मालती - तस्य संगीतकार्यक्रमः ___ न भविष्यति । कार्यक्रमः भवतु ___ न ___, ___ अहं ___ चेन्नैनगरं गमिष्यामि ।

अशोकः - यदा चेन्नैनगरं गमिष्यति तदा समुद्रतीरम् अपि पश्यतु ।

मालती - अस्तु, समुद्रतीरम् अपि ___ गमिष्यामि ।

◀ 111 ▶

अभ्यासः

यदा, तदा, यथा, तथा, यावत्, तावत्, यः सः, यद्यपि, तथापि, अपेक्षया, वा, तः, पर्यन्तम्, परन्तु, किल, शीघ्रम्, मन्दम्, निश्चयेन पदानि उपयुज्य वाक्यानि पूरयतु ।

Complete the sentences below.

शशकः कूर्मः च ।

वने एकः सरोवरः आसीत् । सरोवरे एकः कूर्मः वसति स्म । ______ सूर्योदयः अभवत् ______ एकः शशकः तत्र आगतवान् । ______ शशकः सरोवरस्य तीरम् आगतवान् ______ कूर्मः अपि जलात् बहिः आगतवान् । कूर्मः ______ चलति स्म । कूर्मं दृष्ट्वा शशकः हसितवान् । सः कूर्मम् उक्तवान् – "हे कूर्म, ______ अहं ______ धावामि ______ भवान् न धावति" । कूर्मः उक्तवान् – "भोः शशक, एवं किमर्थं वदति । सरोवर____ पर्वत____ धावनस्पर्धा भवतु । ______ पर्वतं पूर्वं प्राप्नोति ______ विजयं प्राप्नोति । ______ अहं ______ चलामि ______ अहम् एव तत्र पूर्वं प्राप्नोमि । ______ भवान् वदति ______ एव भवतु इति शशकः उक्त्वा धावितुम् आरब्धवान् । कूर्मः अपि चलितुम् आरब्धवान् । ______ शशकः अर्धमार्गम् आगतवान् ______ सः कूर्मं न दृष्टवान् । सः तत्र एव निद्रां गतवान् । ______ कूर्मः विश्रान्तिं विना चलित्वा पर्वतं प्राप्तवान् । शशकः पृष्टवान् - ______ मम वेगः भवतः ______ अधिकः ______ भवान् अत्र कथं पूर्वं प्राप्तवान्? कूर्मः उक्तवान् – वेगः अधिकः भवतु ______ अल्पः । ______ सततं कार्यं करोति ______ एव ______ जयति ______ ।

61. यतः, अतः Because, therefore

१. मम गृहं दूरम् अस्ति । अतः अहं विलम्बेन आगच्छामि ।

My house is far away. Therefore, I will come late.

अहं विलम्बेन आगच्छामि यतः मम गृहं दूरम् अस्ति ।

I will come late because my house is far away.

२. अद्य विरामदिनम् अस्ति । अतः पुत्रः न पठति ।

पुत्रः न पठति यतः अद्य विरामदिनम् अस्ति ।

62. यदि, तर्हि If...then

१. यदि भवान् पठति तर्हि उत्तीर्णः भविष्यति ।

If you read then you will pass.

२. यदि गुरुः आगच्छति तर्हि पठनं भवति ।

३. यदि मित्राणि गृहम् आगच्छन्ति तर्हि पुस्तकं पठामः ।

४. यदि वृष्टिः भवति तर्हि जनाः जलं प्राप्नुवन्ति ।

63. चेत्, नो चेत् If, If not

१. भवान् पठति चेत् उत्तीर्णः भविष्यति ।

२. मित्राणि गृहम् आगच्छन्ति चेत् पुस्तकं पठामः ।

३. गुरुः पाठयति चेत् ज्ञानं भवति । नो चेत् न ।

४. हिमपातः भवति चेत् अत्र तिष्ठामि । नो चेत् गृहं गच्छामि ।

If there is snowfall, I will stay here; if not, I will go home.

| यदि भवान् पठति चेत् उत्तीर्णः भवति । | ✘ |

अभ्यासः

"यतः" उपयुज्य वाक्यानि लिखतु । Convert the sentences using "यतः"

१. अम्बा गृहे नास्ति । अतः बालकः रोदिति ।

२. रात्रिः भवति । अतः सः निद्राति ।

३. आरोग्यं सम्यक् नास्ति । अतः सहोदरः वैद्यं पश्यति ।

४. बहिः आतपः अस्ति । अतः अहं न धावामि ।

५. जलम् अल्पम् अस्ति । अतः अहं न स्नामि ।

६. तस्मै फलं न रोचते । अतः सः न खादति ।

७. अन्तः शैत्यम् अस्ति । अतः पुत्रः बहिः गच्छति ।

८. नद्यां मकरः अस्ति । अतः तत्र गजः न गच्छति ।

९. गुहायां सिंहः वसति । अतः तत्र मृगः न गच्छति ।

१०. मार्जारः शुनकात् बिभेति । अतः सः बहिः न गच्छति ।

"यदि, तर्हि" उपयुज्य वाक्यानि लिखतु ।

Convert the sentences using "यदि, तर्हि"

१. अम्बा गृहे अस्ति चेत् बालकः न रोदिति ।

२. गीतं गायामि चेत् सः निद्राति ।

३. आरोग्यं सम्यक् नास्ति चेत् वैद्यं पश्यतु ।

४. बहिः आतपः अस्ति चेत् मा धावतु ।

५. जलम् अल्पम् अस्ति चेत् अहं न स्नामि ।

६. अन्तः शैत्यम् अस्ति चेत् पुत्रः बहिः गच्छति ।

७. नद्यां मकरः अस्ति चेत् तत्र गजः न गच्छति ।

अभ्यासः

यदा, तदा, यदि, तर्हि, यथा, तथा, वा, चेत्, नो चेत्, यद्यपि, तथापि पदानि उपयुज्य वाक्यानि पूरयतु । Complete the following sentences.

सिंहः मूषकः च ।

वने एकः सिंहः वसति स्म । सः एकदा एकं मूषकं हस्तेन गृहीतवान् । मूषकः भयात् उक्तवान् – भोः वनराज, कृपया मां मुञ्चतु । _____ भवान् मां मुञ्चति _____ अहं भवतः उपकारं करोमि । सिंहः उक्तवान् – हे मूषक, _____ भवतः गात्रं _____ भवतः चिन्तनम् । _____ भवता किमपि मम प्रयोजनं नास्ति _____ भवन्तं मुञ्चामि । मूषकः ततः पलायनं कृतवान् । एकदा व्याधस्य जाले सिंहः पतितवान् । तस्य बहु पीडा अभवत् । _____ सः उच्चैः गर्जितवान् । _____ सिंहस्य गर्जनं श्रुतवान् _____ मूषकः तत्र आगतवान् । सिंहः मूषकम् उक्तवान् – भवान् शीघ्रं जालं कर्तयति _____ अहं बहिः आगच्छामि । _____ व्याधः आगच्छति । तदा मूषकः दन्तेन जालं कर्तितवान् । सिंहः जालात् बहिः आगतवान् । सः उक्तवान् – भवान् मम मित्रम् । गात्रम् अल्पं बृहत् _____ भवतु । परोपकारः उत्तमगुणः ।

सुभाषितम्

अन्नदानं परं दानं विद्यादानम् अतः परम् ।
अन्नेन क्षणिका तृप्तिः यावज्जीवं च विद्यया ॥

पदार्थकोशः Word Meanings

अङ्कनी	pen/pencil	कान्तिः	glow
अतिथिः	guest	कार्यालयः	office
अम्बा	mother	किञ्चित्	a little
आचरति	performs	कुक्कुटः	rooster
आपणः	shop	कुटुम्बजनः	family person
आरोग्यम्	health	कुतः	from where
आर्द्रम्	wet	कूजति	makes sound
आशा	desire	कूर्चः	brush
इक्षुदण्डः	sugarcane	उपविशति	sits
इन्धनम्	fuel	कृतिः	work
उत्तीर्णः	pass	कृशः	lean
उत्सवः	celebration	कोशः	bag/pocket
उपकारः	help/favor	क्रीडाङ्गणम्	playground
उपवनम्	park/garden	क्रीणाति	buys
उपायः	idea	क्वथितम्	curry
उपायनम्	gift	खगः	bird
उष्ट्रः	camel	खनति	digs
उष्णम्	hot	खनित्रम्	spade
ऊरुकम्	trousers	खाद्यम्	food
कठिनम्	hard	गणितम्	mathematics
कथयति	narrates	गात्रम्	size
कन्या	girl	गुहा	cave
कर्तयति	cuts	ग्रन्थालयः	library
कर्ता	doer	ग्रीष्मकालः	summertime
कविः	poet	चञ्चुः	beak
काकः	crow	चतुरः	expert

चिकित्सालयः	clinic	धनिकः	rich person
चित्रकः	cheetah	धरति	holds/ears
चिन्तनम्	thought	धावनस्पर्धा	running competition
छाया	shade	धेनुः	cow
छुरिका	knife	ध्यायति	meditates
जनः	person	नकुलः	mongoose
जन्तुः	animal	नायकः	leader
जन्मदिनम्	Birthday	निर्गच्छति	goes away
जयः	win	निर्धनः	poor person
जलधिः	waterbody	नूतनम्	new
जलाशयः	pond	नेता	leader
जालः	net	नौकाविहारः	boat ride
तक्रम्	buttermilk	पतिः	husband
तनुः	body	पत्नी	wife
तरुणी	young female	परशुः	axe
तृणम्	grass	परिश्रमः	hard work
दन्तः	tooth	परोपकारः	good gesture
दाता	giver	पलायनम्	running away
दाहः	thirst	पशुः	animal
दिनम्	day	पाकशाला	kitchen
दुःखम्	sorrow	पाठशाला	school
दुग्धम्	milk	पात्रम्	vessel
दुर्जनः	wicked person	पायसम्	sweet dish
दृढम्	firm	पिता	father
देवालयः	temple	पिधानम्	cover
देवी	goddess	पीडा	trouble
द्वीपः	island	पुच्छम्	tail
धनम्	money	पुरातनम्	old

पूर्वम्	before	मार्गः	road
प्रकाशः	light	मार्जारी	female cat
प्रयोजनम्	benefit	मित्रता	friendship
प्रश्नः	question	मुनिः	ascetic
प्राणिसंग्रहालयः	zoo	मूर्तिः	shape
प्रातः	morning	मूल्यम्	price
फेनकम्	soap	मृगः	animal/deer
बन्धुः	brother/relative	यानम्	vehicle
बहु	a lot	युतकम्	shirt
बान्धवाः	relatives	युवतिः	young lady
बिलम्	hole	रज्जुः	rope
बुक्कति	barks (dog)	रात्रिः	night
बुद्धिः	intellect	राष्ट्रम्	nation
बृहत्	big	राष्ट्राध्यक्षः	nation's president
भक्तः	devotee	रूप्यकाणि	rupees/currency
भगिनी	sister	रेणुः	dust
भवनम्	building	रोटिका	bread
भूगोलः	geography	वत्सः	calf
भूतिः	wealth	वनम्	forest
भोजनालयः	restaurant	वनराजः	king of forest
भ्राता	brother	वस्त्रम्	cloth
मकरः	crocodile	वह्निः	fire
मतिः	mind/thought	वार्ता	news
मनोरञ्जनार्थम्	for entertainment	विजयः	win
मन्दिरम्	building	विज्ञानम्	science
मलिनम्	dirty	विदूषकः	jester
महिषी	buffalo	विनोदार्थम्	for humor
माता	mother	विपणिः	shopping mall

विमानस्थानकम्	airport	सखी	female friend
विलम्बः	delay	सचिवः	minister
विश्रान्तिः	rest	सज्जनः	noble person
विहरन्ति	stroll	सततम्	continuously
वीणा	Musical instrument	सन्तोषार्थम्	for joy
वीरः	brave	सप्ताहः	week
वृषभशकटः	bullock cart	समीचीनम्	good
वृष्टिः	rain	समुद्रतीरः	seashore
वेगः	speed	सम्यक्	nice
वेणुः	flute	सर्पः	serpent
व्याघ्रः	tiger	सर्वम्	all
शब्दः	sound	साधुः	good person
शशकः	hare	सायम्	evening
शाकम्	vegetable	सारथिः	charioteer
शाखा	branch	सिद्धिः	attainment
शाटिका	saree/garment	सीव्यति	sows
शिक्षयति	teaches	सुन्दरी	beautiful (feminine)
शिखरम्	peak	सुलभम्	easy
शिथिलम्	loose	सूर्यास्तः	sunset
शिलाखण्डः	small stone	सूर्योदयः	sunrise
शिशुः	baby	सैनिकः	soldier
शीतम्	cold	स्तुतिः	praise
शुनकः	dog	स्थूलः	thick
शुष्कम्	dry	स्मृतिः	memory
शृगालः	fox	स्वच्छम्	clean
श्रमिकः	worker	स्वसा	sister
श्रुतिः	veda	हनुः	jaw
संवत्सरः	year	हरिणः	deer

उत्तराणि Answers

5. छात्रः, पाचकः, धावकः, कृषिकः, वैद्यः, वृद्धः, शिक्षकः, बालक, आरक्षकः, गायकः, सिंहः, कन्दुकः, नर्तकी, गायिका, छात्रा, वैद्या, शिक्षिका, बालिका,व्यजनम्, द्वारम्, वातायनम्, विमानम्, छत्रम्, उपनेत्रम्

15. गजस्य, मार्जारस्य, बालकस्य, बालिकायाः, छात्रायाः, नद्याः, चक्रयानस्य, गृहस्य

17. वामतः, वामतः, पुरतः, अधः, दक्षिणतः, उपरि

22. चित्रकारः चित्रं लिखति, अर्चकः देवं पूजयति, कविः काव्यं लिखति, क्षौरिकः केशं कर्तयति, धीवरः मत्स्यं गृह्णाति, रजकः वस्त्रं क्षालयति, पाचकः भोजनं पचति
तृणम्, जलम्, आपणम्, विद्यालयम्, पाठम्, मत्स्यम्, घटीम्, लेखनम्, कथाम्, कन्दुकम्, उपवनम्, मित्रम्, नदीम्, भवतीम्, शाकम्, प्रश्नम्, शाटिकाम्, गृहम्

23. दण्डेन, पुष्पेण, कुञ्चिकया, संस्कृतभाषया, संमार्जन्या, सूच्या, वाहनेन, हस्तेन, नौकया
केन, कया, कया, केन, केन, केन

24. श्रमिकः खनित्रेण खनति, वृषभशकटः मन्दं गच्छति, चित्रकारः कूर्चेण लिखति, मत्स्यः जलं विना न जीवति, विमानम् इन्धनं विना न चलति, स्नानं जलं विना न भवति, फलं परिश्रमं विना न भवति, नकुलः सर्पेण सह युद्ध्यति, अहं मित्रेण सह भाषणं करोमि

25. उच्चैः, शीघ्रम्, मन्दम्, शीघ्रम्, मन्दम्, उच्चैः, शीघ्रम्, शीघ्रम्, मन्दम्, शीघ्रम्, शनैः

26. चित्रं सुन्दरम् अस्ति, लेखनी उत्तमा अस्ति, नदी मन्दं वहति, प्रश्नः समीचीनः अस्ति, शुनकः उच्चैः बुक्कति

27. शुक्रवासरः, शनिवासरः, गुरुवासरः, रविवासरः, रविवासरः, शुक्रवासरः, सोमवासरः

29. षट्-त्रिंशत्, एकषष्टिः, एकचत्वारिंशत्, सप्त, द्वादश, चत्वारि

30. सार्धपञ्चवादनम्, सार्धषड्वादनम्, सपाददशवादनम्, चतुर्वादनम्, त्रिवादनम्, पादोनचतुर्वादनम्

32. मार्जाराय, सहोदराय, मित्राय, पुत्राय, वत्साय, छात्राय, भगिन्यै, पण्डिताय, रमायै, भवते
कस्यै, कस्मै, कस्मै, कस्मै, कस्यै, कस्यै

34. कति, कियत्, कति, कियत्, कियत्, कति, कियत्, कियत्,, कति, कियत्, कति
कीदृशम्, कीदृशः, कीदृशी, कीदृशः, कीदृशम्, कीदृशः, कीदृशम्

35. विद्यालये, गृहे, पुस्तके, वने, बिले, कूप्याम्, सरोवरे, पेटिकायाम्, नद्याम्

36. महोदय, महोदये, मित्र, पुत्र, पुत्रि, भगिनि, सुमे, सुरेश, मालति, समीर, वीर, छात्रे, छात्र, वैद्य, वानर, नलिनि, वैद्ये, सर्प, अम्ब

37. विद्यालयात्, स्थानकात्, नद्याः, आकाशात्, पेटिकायाः, दूरवाण्याः, समुद्रात्, आपणात्, प्रकोष्ठात्, उत्पीठिकायाः, स्यूतात्, पुस्तकात्, वृक्षात्, द्वीपात्, बिलात्, आसन्दात्, व्याघ्रात्, आरक्षकात्, सिंहात्

39. ननान्दा, श्वशुरः, देवरः, पुत्री

41. आसीत्, अभवत्, इष्टवान्, आगतवान्, दृष्टवान्, चिन्तितवान्, स्थापितवान्, प्राप्तवान्, पीतवान् गीतवान्, श्रुतवती, अभवत्, आहूतवती, उपविष्टवान्, प्रविष्टवती, पठितवान्, गतवान्, पक्ववती, पृष्टवान्, खादितवन्तः, आगतवान्, उषितवन्तः

43. भविष्यति, भविष्यति, करिष्यति, वादयिष्यति, नर्तिष्यति, गास्यति, आगमिष्यन्ति, आगमिष्यति, सूचयिष्यति, आनेष्यामि, मेलिष्यामः गमिष्यामि, द्रक्ष्यामः, लेखिष्यति, क्रीडिष्यति, खादिष्यति, गर्जिष्यति, वदिष्यन्ति

47. अद्यतन, अद्यतन, अद्य, ह्यस्तन, ह्यः, श्वस्तन, श्वः, अद्यतन, ह्यस्तन, श्वः

48. च, इति, सम्यक्, एव, तु, च, अपि, च, इति, तु, सम्यक्, च, तु, एव, इति, सम्यक्, अपि, सम्यक्, एव, तु, इति

51. यत्र नगरम् अस्ति तत्र जनाः भवन्ति, यत्र आशा अस्ति तत्र दुःखं भवति, यत्र नदी अस्ति तत्र मत्स्याः भवन्ति, यत्र धनं नास्ति तत्र चोराः न भवन्ति

54. यावत्, तावत्, यदा, तदा, यथा, तथा, यदा, तदा, यावत्, तावत्, यदा, तदा, यथा, तथा, यदा, तदा

57. तः, पर्यन्तम्, यद्यपि, तथापि, यत्, तत्, तः, पर्यन्तम्, यत्, तत्, यद्यपि, तथापि, .तः, पर्यन्तम्

60. गत, आगामि, गत, आगामि, आगामि, किल, परन्तु, आगामि, प्रायेण, वा, परन्तु, किल, प्रायेण, वा, वा, परन्तु, निश्चयेन, निश्चयेन

"शशकः कूर्मः च" कथा - यदा, तदा, यावत्, तावत्, मन्दम्, यथा, शीघ्रम्, तथा, तः, पर्यन्तम्, यः, सः, यद्यपि, मन्दम्, तथापि, यथा, तथा, यदा, तदा, परन्तु, यद्यपि, अपेक्षया, तथापि, वा, यः, सः, निश्चयेन, किल

"सिंहः मूषकः च" कथा - यदि, तर्हि, यथा, तथा, यद्यपि, तथापि, अतः, यदा, तदा, चेत्, नो चेत्, वा

व्याकरणटिप्पणी Grammar Notes

Genders

There are three genders for nouns – पुंलिङ्गम् masculine, स्त्रीलिङ्गम् feminine and नपुंसकलिङ्गम् neuter. The gender applies to a word and not to the object referred by the word. Some words can be used in multiple genders. A verb does not have a gender. In this book, a few simple nouns are used.

Numbers

There are three numbers for both nouns and verbs– singular, dual and plural. In this book, only singular and plural forms of some simple nouns and verbs are shown. For use of dual forms, द्वयम् can be used as an alternative.

Tenses

A verb originates from a verbal root (धातुः) and can take ten different tenses and moods for verbs. Each verb conjugates in three persons and three numbers in each tense. This book covers simple present, future tense in the first and third persons. The third-person forms can be used with भवान्/भवती as an alternative to the second-person. For the past tense, past participle form of verbs can be used to convey similar (but not the same) meaning.

Declension

Declension refers to role of a noun in a sentence. To indicate the role, a case-ending suffix (विभक्तिप्रत्ययः) is added to the noun-base (प्रातिपदिकम्). There are seven case-ending suffixes. A case ending can be used in different meanings. A few meanings of all the case endings are covered in this book. The table below provides an example of using different case-endings in different roles in a sentence.

पात्रम् Role Case-ending	उदाहरणम् Example
कः Who प्रथमा विभक्तिः First	**बालकः** ग्रन्थालये स्यूतात् लेखकस्य पुस्तकं हस्तेन मित्राय ददाति । **Boy** gives an author's book from a bag with hand to friend in library.
किम् What द्वितीया विभक्तिः Second	बालकः ग्रन्थालये स्यूतात् लेखकस्य **पुस्तकं** हस्तेन मित्राय ददाति । Boy gives an author's **book** from a bag with hand to friend in library.
केन With what तृतीया विभक्तिः Third	बालकः ग्रन्थालये स्यूतात् लेखकस्य पुस्तकं **हस्तेन** मित्राय ददाति । Boy gives an author's book from a bag **with hand** to friend in library.
कस्मै For whom चतुर्थी विभक्तिः Fourth	बालकः ग्रन्थालये स्यूतात् लेखकस्य पुस्तकं हस्तेन **मित्राय** ददाति । Boy gives an author's book from a bag with hand **to friend** in library.
कस्मात् From पञ्चमी विभक्तिः Fifth	बालकः ग्रन्थालये **स्यूतात्** लेखकस्य पुस्तकं हस्तेन मित्राय ददाति । Boy gives an author's book **from a bag** with hand to friend in library.
कस्य Of whom षष्ठी विभक्तिः Sixth	बालकः ग्रन्थालये स्यूतात् **लेखकस्य** पुस्तकं हस्तेन मित्राय ददाति । Boy gives **an author's** book from a bag with hand to friend in library.
कस्मिन् Where सप्तमी विभक्तिः Seventh	बालकः **ग्रन्थालये** स्यूतात् लेखकस्य पुस्तकं हस्तेन मित्राय ददाति । Boy gives an author's book from a bag with hand to friend **in library**.

About क्तवतु, क्त्वा, ल्यप् and तुमुन्

There are many suffixes in Sanskrit grammar that can be added to a verbal root (धातुः) to derive a noun-base (प्रातिपदिकम्). Four such suffixes are covered in this book.

The क्तवतु suffix undergoes transformation during the process of grammatical derivation and only तवत् remains. Adding this suffix to a verbal root results into a noun-base that can be used as a past-participle adjective in active voice. A noun-base then can be declined with the seven noun case-endings. Examples are: गतवान्/गतवती.

The क्त्वा/ल्यप् suffixes undergo transformation during the process of grammatical derivation and only त्वा/य remain. Adding one of these suffixes results in an indeclinable noun. It is used in the sense of "after the action" of the verbal root. Examples are: गत्वा, पठित्वा, आनीय, उत्थाय Note that ल्यप् suffix is added to a verbal root when a prefix (like आ, उत्) is present before the verbal root.

Adding the तुमुन् suffix results in an indeclinable noun that indicates "to do the action" of the verbal root to which this suffix is added. Examples are: गन्तुम्, पठितुम्

When does न (na) change to ण (Na) in a word?

There are many rules in Sanskrit grammar when न changes to ण in a single word. The simple rules to remember are:

1. When न is immediately preceded by ऋ, र or ष

   For example: गुरुणा, मित्रेण

2. Or between न and ऋ/र/ष, in a single word, when all the letters are either vowels or क, ख, ग, घ, ङ, प, फ, ब, भ, म, य, व, or ह For example: गृहाणि, चषकेण

When does म् (m) change to anusvAra (M)?

anusvAra is a pure nasal sound, whereas म् is labial and nasal.

1. If म्, is at the end of a sentence, then म् is pronounced and should be written. For example: गृहम्

2. When a word ends in म् and we want to pronounce the next word in the same sentence after a little pause, then म् remains at the end of the first word. For example: गृहम् गच्छति

3. When a word ends in म्, and we want to pronounce the next word in the same sentence without a pause, then:

   If the next word starts with a vowel, then म् remains at the end of the first word. For example: गृहम् आगच्छति

   If the next word starts with a consonant, then म् changes to anusvAra. For example: गृहं गच्छति

प्रार्थना

सर्वे भवन्तु सुखिनः सर्वे सन्तु निरामयाः ।

सर्वे भद्राणि पश्यन्तु मा कश्चिद् दुःखभाग् भवेत् ॥

इति शम्

Made in the USA
Las Vegas, NV
03 January 2022

40213942R00075